武汉大学百年名典

作者简介

范寿康（1896-1983），浙江上虞人，1922年在日本东京帝国大学获教育学和哲学硕士学位。1923年回国后，历任商务印书馆编辑、中华《学艺》杂志主编，中山大学教授、春晖中学校长、安徽大学教授、武汉大学教授。抗日战争时任军委会政治部第三厅副厅长、第七处处长，负责对敌宣传工作。1945年任台湾长官公署教育处处长。1947年后任台湾大学哲学系教授兼图书馆馆长。1970年退休。退休后曾任台湾开明书店董事长。1982年经美国回国，任全国政协常委。1983年2月在北京逝世。

武汉大学
百年名典

哲学通论
个性教育

范寿康 著

武汉大学出版社
WUHAN UNIVERSITY PRESS

图书在版编目(CIP)数据

哲学通论;个性教育/范寿康著.—武汉:武汉大学出版社,2013.10
武汉大学百年名典
ISBN 978-7-307-11394-7

Ⅰ.哲…　Ⅱ.范…　Ⅲ.①哲学—研究　②个性—教育学　Ⅳ.①B
②G40

中国版本图书馆CIP数据核字(2013)第171881号

责任编辑:白绍华　　责任校对:刘　欣　　版式设计:支　笛

出版发行:武汉大学出版社　(430072　武昌　珞珈山)
(电子邮件:cbs22@whu.edu.cn　网址:www.wdp.com.cn)
印刷:武汉中远印务有限公司
开本:720×1000　1/16　印张:11.25　字数:158千字　插页:4
版次:2013年10月第1版　2013年10月第1次印刷
ISBN 978-7-307-11394-7　定价:36.00元

《武汉大学百年名典》出版前言

百年武汉大学，走过的是学术传承、学术发展和学术创新的辉煌路程；世纪珞珈山水，承沐的是学者大师们学术风范、学术精神和学术风格的润泽。在武汉大学发展的不同年代，一批批著名学者和学术大师在这里辛勤耕耘，教书育人，著书立说。他们在学术上精品、上品纷呈，有的在继承传统中开创新论，有的集众家之说而独成一派，也有的学贯中西而独领风骚，还有的因顺应时代发展潮流而开学术学科先河。所有这些，构成了武汉大学百年学府最深厚、最深刻的学术底蕴。

武汉大学历年累积的学术精品、上品，不仅凸现了武汉大学"自强、弘毅、求是、拓新"的学术风格和学术风范，而且也丰富了武汉大学"自强、弘毅、求是、拓新"的学术气派和学术精神；不仅深刻反映了武汉大学有过的人文社会科学和自然科学的辉煌的学术成就，而且也从多方面映现了20世纪中国人文社会科学和自然科学发展的最具代表性的学术成就。高等学府，自当以学者为敬，以学术为尊，以学风为重；自当在尊重不同学术成就中增进学术繁荣，在包容不同学术观点中提升学术品质。为此，我们纵览武汉大学百年学术源流，取其上品，掬其精华，结集出版，是为《武汉大学百年名典》。

"根深叶茂，实大声洪。山高水长，流风甚美。"这是董必武同志1963年11月为武汉大学校庆题写的诗句，长期以来为武汉大学师生传颂。我们以此诗句为《武汉大学百年名典》的封面题词，实是希望武汉大学留存的那些泽被当时、惠及后人的学术精品、上品，能在现时代得到更为广泛的发扬和传承；实是希望《武汉大学百年名典》这一恢宏的出版工程，能为中华优秀文化的积累和当代中国学术的繁荣有所建树。

《武汉大学百年名典》编审委员会

出版说明

范寿康先生是中国著名教育家、哲学家，一生出版著作几十部。《哲学通论》是为当时的哲学初学者所写的入门读物，主要介绍哲学中的一些基本概念范畴等；《个性教育》探讨个性对教育的影响和作用，为教育工作者提供一些教育方面的认识和思考。我社将这两本书纳入《武汉大学百年名典》丛书系列，再版合为一本，前者以 1935 年中华书局为基础，后者以 1930 年商务印书馆为基础。再版以简体排印，在内容上力求保持原貌，只在少数地方稍作修改，以资纪念。

武汉大学出版社

2013 年 6 月

总　目　录

哲学通论

总　　序

这部丛书发端于十年前，计划于三年前，中历征稿、整理、排校种种程序，至今日方能与读者相见。在我们，总算是“慎重将事”，趁此发行之始，谨将我们“慎重将事”的微意略告读者。

这部丛书之发行，虽然是由中华书局负全责，但发端却由于我个人，所以序此书，不得不先述我个人计划此书的动机。

我自民国六年毕业高等师范而后，服务于中等学校者七八年。在此七八年间无日不与男女青年相处，亦无日不为男女青年的求学问题所扰。我对于此问题感到较重要者有两方面：第一是在校的青年适当的课外读物，第二是无力进校的青年无法自修。

现代的中等学校在形式上有种种设备供给学生应用，有种种教师指导学生作业，学生身处其中似乎可以“不遑他求”了。可是在现在的中国，所谓中等学校的设备，除去最少数的特殊情形外，大多数都是不完备的。而个性不同各如其面的中等学生，正是身体精神急剧发展的时候，其求知欲特别增长，课内的种种绝难使之满足，于是课外阅读物便成为他们一种重要的需要品。不幸这种需要品又不能求之于一般出版物中。这事实，至少在我个人的经验是足以证明的。

当我在中等学校任职时，有学生来问我课外应读什么书，每感到不能为他开一张适当的书目，而民国十年主持吴淞中国公学中学部的经验，更使我深切地感到此问题之急待解决。

在那里我们曾实验一种新的教学方法——道尔顿制，此制的主要目的在促进学生自动解决学习上的种种问题，以期个性有九分之发展。可是在设备上我们最感困难者是得不到适合于他们程度的书籍，尤其是得不到适合于他们程度的有系统的书籍。

我们以经费的限制，不能遍购国内的出版品，为节省学生的时间计，亦不愿遍购国内的出版品，可是我们将全国出版家的目录搜集齐全，并且亲去各书店选择，结果费去我们十余人数日的精力，竟得不到几种真正适合他们阅读的书籍。我们于失望之余，曾发愤一时拟为中等学生编辑一部青年丛书。只惜未及一年，学校发生变动，同志四散，此项丛书至今犹只无系统地出版数种。

此是十年前的往事，然而十余年来，在我的回忆中却与当前的新鲜事情无异。

现在中等学生的用费，已不是内地的所谓中产阶级的家长所能负担，而青年的智能与求知欲，却并不因家境的贫富而有差异，且在职青年之求知欲，更多远在一般学生之上。即就我个人的经验而论，十余年来，各地青年之来函请求指示自修方法。索开自修书目者，多至不可胜计，我对于他们愧不能尽指导之责，但对此问题之重要，却不曾一日忽视。

根据上述的种种原因，所以十余年来，我常常想到编辑一部可以供青年阅读的丛书，以为在校中等学生与失学青年之助。

大概是在民国十四五年之间，我曾拟定两种计划：一是少年丛书，一是百科丛书。与中华书局陆费伯鸿先生商量，当时他很赞成立即进行，后以我们忙于他事，无暇及此，遂致搁置。十九年一月我进中华书局，首即再提此事，于是由计划而征稿，而排校。至二十年冬，已有数种排出。当付印时，因估量青年需要与平衡科目比率，忽然发现有不甚适合的地方，便又重新支配，已排就者一概拆版改排，遂致迁延至今，始得与读者相见。

我们发刊此丛书之目的，原为供中等学生课外阅读，或失学青年自修研究之用。所以计划之始，我们即约定专家，分别开示书目，以为全部丛书各科分量之标准。在编辑通则中，规定了三项要点：即(一)日常习见现象之学理的说明，(二)取材不与教科书雷同而又能与之相发明，(三)行文生动，易于了解，务期能启发读者自动研究之兴趣。为要达到上述目的，第一我们不翻译外籍，以免直接采用不适国情的材料，致虚耗青年精力，第二约请中等学校教师及从事社会事业的人担任编辑，期得各本其经验，针对中等学生及一般青年的需要，以为取材的标准，指导他们进修的方法。在整理排校方面，我们更知非一人之力所能胜任，乃由本所同人就各人之所长，分别担任。为谋读者便利计，全部百册，组成一大单元，时可分为八类，每类有书八册至二十四册，而自成为一小单元，以便读者依个人之需要及经济能力，合购或分购。

此丛书费数年之力，始得出版，是否果能有助于中等学生及一般青年之修业进德，殊不敢必，所谓“身不能至，心向往之”而已。望读者不吝指示，俾得更谋改进，幸甚幸甚。

舒新城　二十二年三月

自　序

世人对于哲学，往往抱有一种偏见。他们以为哲学乃是一种海阔天空，不切实际的空论。固然，哲学这一种学问，因为范围广泛，对象茫漠，而同时性质又极艰深，所以很难得到一般人士正确的理解；但是他们对于哲学所取的这一种轻视的态度终究免不了是一种错误。

所谓“哲学研究”，换句话说，就是“营哲学的思索”。而在“营哲学的思索”上所表现出来的根本精神就是“彻底求真”的精神。这一种哲学研究的根本精神，凡当我们阅读任何伟大的哲学家的著作的时候，都可以直接感得；而在近代把这一种哲学研究的根本精神明白地自觉地表示出来的却是法国的笛卡尔。笛卡尔以为我们对于能够怀疑的事都应一一加以怀疑，我们的哲学思想非从虽欲怀疑而不能怀疑的确实的基础出发不可。这一种把所能怀疑的事情都怀疑了，把一切所有的假定都推翻了，然后彻底地论理地一步一步以求达到问题的解决的态度，这就是“彻底求真”的精神，这就是哲学研究的根本精神。

这样，哲学绝不是一种知识上的游戏，也绝不是一种被动的消极的学问。真正的哲学乃是一种要求彻底的论理思索的积极的学问。没有这种积极的精神，就不能走进哲学的大门。苏格拉底称自己为真理的产婆，他以为他自己只能帮助他人产生真理，却不能对于他人授与真理。康德也说：“我不能教授哲学，却只能教授哲学的思索。”这都是大哲学家出于深切的体验的至言。对于自己不想营哲学的思索的人们，我们是绝不能授以哲学的；而对于自己想营哲学的思索的人们，我们除时时加以诚恳的忠告外，也不能更有所贡献。所以，凡是想研究哲学的人，就不可不都抱那种哲学研究上所必不可少的“彻底求真”的精神。换言之，他们在追求真理上就不可不都取一种彻底的，勇敢的，积极的，虚心的态度。

这本小册子是为初学哲学的人们写的。我深望读者在开始阅读这本小册子的本文以前都先有这一种在哲学研究上必不可少的“彻底求真”的精神。因为假定读者没有这种精神，那末，在我看来，就根本谈不到所谓哲学研究了。民国二十四年一月，著者识。

目　录

绪 论

第一章　哲学的要念

哲学的原字在英文为 Philosophy（德法二国均称 Philosophie），乃根据希腊原字 Philosophia 而来。Philosophia 从 Philia 和 Sophia 二字合成。Philia 作“爱”（Love）解，Sphia 作“智”（Wisdom）解，所以 Philosophia 就含有“爱智”的意义，也就是“求知”的意思。在古代希腊的哲学的始祖太雷斯（Thales，640—546 B. C.）时，这个名称还未存在。或谓匹太哥拉斯（Pythagoras，580—500 B. C.）始用此名，但他的著作多系后世伪造，所以此说似亦不确。确曾用此名者，实为苏格拉底（Socrates，470—399 B. C.），苏氏和其弟子柏拉图（Plato，427—347 B. C.）尝自命为“哲学家”（Philosopher），以别于当时所谓“诡辩学徒”（Sophists）。柏氏以为诡辩学徒之讲学志在获利，其徒之求学志在希求富贵，非真欲穷究事理，哲学家则不然，一以探究宇宙真理为其究竟之目的。柏氏并把哲学的内容规定为论理、伦理和物理三部分，所以把这个字使用到学术上，实当推柏氏为最早。

哲学是什么？我们对之想下一个定义，是很难的。综观哲学史，各哲学家对于哲学的概念差不多都各树一义，并无共同一致的见解。我们现在暂采下列三种说法，作为立论的基础。就是：第一，哲学是综合科学（General or Synthetic Science）；第二，哲学是根本科学（Fundamental or Ultimate Science）；第三，哲学是理论科学（Theoretical Science）。在古代希腊，哲学差不多代表一切学术，所谓哲学包括数学、物理学、生物学、心理学、伦理学、论理学、政治学等。在近代，科学始与哲学分家，但科学分门以后，各自孤立，仍不得不有一科学以综合之，这综合各种科学的科学就是哲学了。科学有假定（如自然现象的认识，因果律等），哲学则对于各种科学的一般假定加以彻底的研究。这样哲学一面既是综合的科学；一面又是根本的科学了。而研究根本原理的学问自不得不为思索的，论理的，所以哲学也就是理论的科学了。

现在根据上面三种说法，对哲学试下一个定义："哲学为对于自然，人生及知识三者探究综合的根本原理的学问。"

至于其他，如康德(Kant)以哲学为批评科学(Critical Science)，文特尔朋(Windelband)以哲学为规范科学(Mormative Science)，倭铿(Eucken)以哲学为精神科学(Spiritual Science)，这些解释都未免有所偏倚，一概不取。

问题：

一、哲学的原字，在英文叫做什么？
二、柏拉图对于哲学的内容曾经有过怎样的规定？
三、试述哲学的定义。

参考书：

一、李石岑：《哲学概论》
二、陈大齐：《哲学概论》
三、胡适：《中国哲学史大纲》(结论)

第二章　哲学与宗教

人类的文化，分析起来，大体可以说是包含着三种要素，就是：宗教(Religion)、哲学(Philosophy)与科学(Science)。至于文学，随其思想的内容，得归入于三者之中的一种。(例如托尔斯泰(Tolstoy)的作品，多谈哲理，其思想得归属于哲学的范围之内)。

上列三种要素的发生，随地方而有先后的不同。在印度，宗教与哲学固甚发达，但科学并不产生；在希腊，宗教与哲学发达均早，科学也早已萌芽；在犹太，宗教最早发达，但哲学与科学俱付阙如；在中国，哲学发达最早，宗教方面，古代只有“天”，“崇拜祖先”等断片的思想，重要的宗教(佛教)是后来从印度输入的，所谓道教也到后代方才发生，至于科学则概从西洋输入，为时最迟。

就三者的一般发达的程序讲，宗教(神话)最先，哲学次之，科学最后。在西洋，宗教、哲学与科学三者的分立，亦始于近代(文艺复兴以后)；中古时代三者混在一起，教会独霸天下，文化进步极慢，历史上称为黑暗时代。印度与中国直到最近，三者方才开始分立，所以印度与中国向来所犯的病症恰与西洋中古时代相同。

考中外的历史，各时代的哲学思潮不外唯心与唯物的两种倾向。前者与宗教可以调和，却与科学冲突；后者与宗教冲突，却与科学可以调和。

就宗教与哲学的区别论，约有七点。

(一)哲学为广义的科学之一种；宗教则非科学。(宗教学研究宗教，固为科学的一种，但宗教本身绝非科学)。

(二)哲学开端于留异(Wonder)与怀疑(Doubt)，宗教则发端于信仰(Belief)。

（三）哲学是理知的，宗教是情意的。

（四）哲学是个人的，宗教是集团的（例如各种宗教都有各种共通的仪式）。

（五）宗教教义是已定的，呆板的（例如基督教中“三位一体”与“原罪”诸说），哲学理论是未定的，自由的。

（六）哲学是说明的，其说明纯是合理的，宗教则不然，其中想像极占势力，若除掉想像的要素，宗教殆不能成立。

（七）宗教把人生（现世）看做是未来生活（来世）的准备，哲学一般却多注重现世，想探求根本原理以应人生现世的需要。

这样哲学与宗教既有极大的差别，为什么二者之间在实际上却会发生密切的关系？考其原因，不外下列三点。第一，宗教的对象为神灵；哲学的对象为宇宙和人生，其中当然包括神灵在内。而且神灵在宗教为信仰的对象；而在哲学则为研究的对象（如道，实在，本体等）。第二哲学把宗教本身当成研究的对象，宗教哲学为哲学的一分科；宗教则不研究哲学，有时利用哲学，有时则反对哲学。第三，宗教系保守的，崇尚神秘；哲学则反是，于是冲突由此而起。宗教往往想扑灭哲学，但是终不可能。叔本华（Schopenhauer）说：“宗教为俗人的宗教，哲学则为学者的宗教。”这话确是不错。

问题：

一、人类的文化，大体讲，包含着几种要素？

二、宗教与哲学的区别何在？

三、哲学与宗教既有区别，二者之间，为什么又会发生密切的关系？

参考书：

一、谢颂羔：《宗教学 ABC》

二、严既澄：《比较宗教学》

第三章　哲学与科学

与宗教相反，专以理知为工具，以穷究宇宙的真理，这是哲学与科学的共同出发点。那末，二者的区别究竟何在？当十九世纪初叶，思辨哲学(SpeculativePhilosophy)盛行一时，当时一般哲学家都以为哲学的对象与科学并无差异，不过哲学专主思辨，科学专主经验，这一点就是二者区别的所在。同时，思辨哲学家排斥经验，蔑视由经验所产生的科学，他们以为只有由思辨所得的知识乃系惟一正确的知识。

但是精密讲，我们的知识含有思辨和经验两种要素。如只由思辨而抛弃经验，或只由经验而抛弃思辨，我们是绝不能求到真正的知识。知识的若谓哲学较重思辨，科学较重经验，固犹可说；若谓哲学专主思辨，科学专主经验，并以专主经验之科学为不足取，那就难免错误了。因此，思辨哲学虽盛极一时，然不久即告衰落，而思辨哲学家所树立之哲学与科学的区别也就不见信于世人了。

当思辨哲学衰落时，各种科学方为长足的进步，于是人心群趋科学，排斥思辨哲学，后来甚至排斥一切哲学，以为哲学乃系空谈，毫无学问的价值这种见解，当然也是太偏其实，哲学与科学各有存在的价值，不可偏废，进一步讲，二者乃是相互为用的。

至于哲学与科学的区别，照我们想，不外下列二点。

第一，科学为部分的，特殊的；哲学为全般的，综合的。宇宙万象乃系一统一体，其各部分间均有相互的关系，并非散沙可比。所以研究宇宙万象的各种科学，当然也不能离群孤立而与其他科学绝无关系。如研究生物者不得不借助于理化，研究历史者不能不借助于地理，政治，经济等，皆其明证。一切科学，相互之间，总有若干的关系，而把各种相互有关的科学合成一体以树立我们整个的宇宙观及人生观者就是哲学。科学的目的在于探究宇宙一部分的真理，哲学的目的则在综观宇宙，取天地间一切事物，冶为一炉，以构成完美的宇宙观及人生观。科学得出研究的所得，以供哲学的需要，哲学则集合各种科学所供给的资料加以统一。所以科学为哲学的基础，而哲学实系科学的综合。

第二，科学在研究上是有假定的，哲学在研究上是无假定的(彻底的，根本的)。科学研究的对象为日常经验的各种现象，科学对于这种种现象的真实虚妄并不加以探究，而无条件地假定着这种种现象乃系真实的。如物理学假定着物质为真有，从而探究各种物质现象中的法则；心理学假定着意识、行为等为真有，从而探究此种种现象间的法则。至于物质，意识等究竟为真为伪，为实为妄，则物理学心理学等诸科学对之并不加以检讨。哲学不然，哲学在研究上全无假定，就是对于科学所假定着的物质，意识等，亦必须更进一步以讨论其为真为伪，为实为妄的。

问题：

一、哲学与科学的共同点何在？

二、哲学与科学的区别何在？

参考书：

一、王星拱：《科学概论》

二、张东荪：《科学与哲学》

第四章　哲学研究的方法

普通科学研究的方法不外下列两种：

第一，演绎法（Deductive Method）。从已知的一般原理推及于特殊事实的方法叫做演绎法。因为这是从已知的一般原理降到一个个的事实来的方法，所以又叫做下降法（Descending Method）。例如：凡三角形，其内角之和等于二直角；这是三角形；所以其内角之和等于二直角。又如凡二等边三角形，其底角相等；这是二等边三角形；所以其底角相等。“凡三角形其内角之和等于二直角”，与“凡二等边三角形，其底角相等”，这些都是已知的一般原理，至于“这个三角形”，“这个二等边三角形”，就是所谓特殊的事实了。

第二，归纳法（Inductive Method）。从特殊事实的分析以达到一般原理的方法叫做归纳法。因为这是从一个个的事实升到一般原理去的方法，所以又叫做上升法（Ascending Methed）。例如：孔子死，孟子死，王守仁死，孔子，孟子，王守仁都是人；所以凡人皆有死。又如根据实验，热可以使铜线增长，金属球的体积增大，水膨胀，空气膨胀，所以热能使物体膨胀。“孔子死，孟子死，王守仁死”，与“铜线增长，金属球的体积增大，水膨胀，空气膨胀”，这些都是特殊的事实；至于“凡人皆有死”，“热能使物体膨胀”，就是所谓一般的原理了。

数学概用演绎法，科学则多用归纳法。但归纳法所得的结论是概然的（Probable），所以一定要有自然齐一（Uniformity of Nature）的原理来做它的必然性的根据。因此，归纳法结局仍免不了是一种特殊的演绎法。

有些人往往以为哲学只用演绎法而不用归纳法，这是错的。罗素(Russell)因作哲学中之科学方法("Scientific Method in Philosophy"),以辟其误其实,归纳法当然应为现今哲学所采用。有些人又往往以为科学只用归纳法而不用演绎法,这也是错的。所以桑木严翼因作科学中之哲学方法以正其谬。其实,演绎法当然也应为科学所采用。不过哲学可以说是偏重演绎,科学可以说是偏重归纳罢了。

又哲学与普通知识,种类既属不同,所以在上述二种方法外,下列二种方法也常为古代一部分哲学家所采用。

第三,直觉法(Intuitive Method)。所谓直觉法就是以直觉把捉宇宙的真相的方法。一般世人以为我们的感觉是确实可靠的,但精密想,有时却未必如此。例如下图:

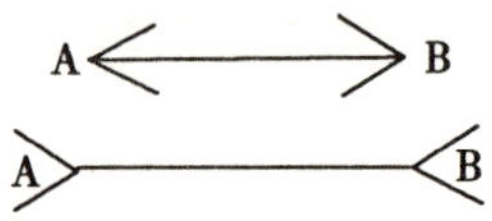

AB 的长原是一样,可是由我们的眼看来,则下面的 AB 实比上面的 AB 为长。通常人们又以为感觉有时虽有错误,但使我们知道感觉之错误而加以纠正者却为理性,然则理性是确实可靠的了。其实,理性偏于局部的观察,也不足以综观宇宙的本体;换句话说,理性之用有时也会穷的。例如"勇士亚契雷斯(Achilles)与龟的竞走"就足以证明之而有余。我们现在假定亚契雷斯所在地为甲,龟所在地为乙,而龟的跑步的速力为亚契雷斯的速力的百分之一,那末,亚契雷斯从甲点跑到乙点时,龟已经跑了甲乙中间的距离的百分之一的路而至丙点,亚契雷斯再从乙点跑到丙点时,龟又跑了乙丙间的距离的百分之一的路而到丁点。同样,亚契雷斯跑到丁点时,龟又跑了丙丁间的距离的百分之一的路而达戊点。这样,由我们的理性看,亚契雷斯是永远不能追到龟的。而同时亚契雷斯能追到龟却是实际的事实。所以理性也有时会与事实不符,其可靠的程度也属有限。因此,有哲学家以为要想知道宇宙的本体，我们非依赖直觉的方法不可。如谢林(Schelling)等所谓气知的直观”(Intellektuelle Anschauung)，柏格森(Bergson)所谓“直觉”(Intuition)，禅宗所谓顿悟等就是指这一种直觉的方法而言。可是由我们看来，此种方法究嫌玄虚，实不足取。

第四，辩证法(Dialectical Method)。所谓辩证法，含义至多，所以我们想对之下一概括的定义，极为困难。大体讲，辩证法可分为主观的与客观的二种。前者是指除去概念中间的矛盾以发现真理的方法。后者是指承认事物里面包含矛盾并承认这种矛盾乃系宇宙进化的原因的那种观察法。换句话说，前者是在知识的获得上所用的方法。后者是在宇宙的观察上所用的方法。举起例来，古代希腊哲学家赫拉克拉土斯(Heraclitus)所用的是客观的辩证法，柏拉图所用的系主观的辩证法，而近代德国哲学家赫智尔(Hegel)所用的却系把二者加以综合而成的辩证法。赫拉克拉土斯说宇宙间一切事物都在不绝地变动流转着，只有变化或流转本身，才是永久不变，他对这种流转或变化特名之曰转化(Genesis)。他以为转化的一般的公式，不外正(+)反(-)。综观万物，无一不含正与反两种性质，而由这正与反两种性质的冲突，万物乃有生灭的现象。赫拉克拉土斯基于这种见解，认定气争斗乃“万物之父，万有之王”。他的学说是带有唯物的色彩的。

至柏拉图的辩证法，则着重知识方面。他秉承他的恩师苏格拉底的学说，对于当时希腊盛极一时的怀疑论，加以反对。他所用的方法就是把苏格拉底曾经用过的归纳研究法和他自己所倡导的演绎法二者加以综合的那种有名的辩证法(Dialectics)。他以为只有由这种方法我们方才可以获得真正的知识。

第五，赫智尔的辩证法，则兼并赫拉克拉土斯关于宇宙方面的学说与柏拉图关于知识方面的学说，独树一帜他以为我们单由思辨即可以求得一般的法则，而把所求得的法则应用到事物与知识上，就足以构成一切的真理。这种法则的公式如下：

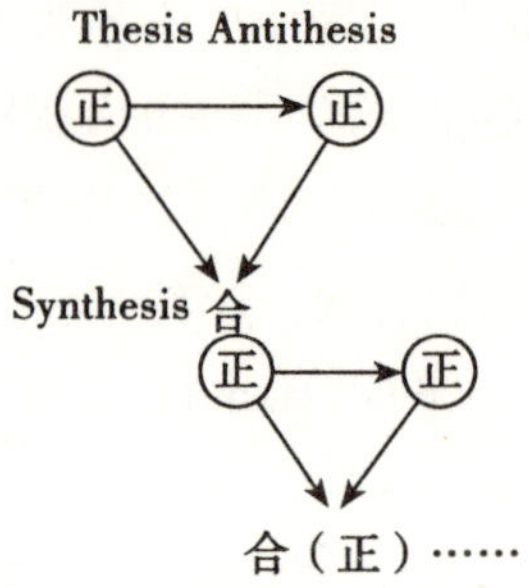

由正而反，由反而合，合复为正，又由正而反，而合，这样，变动可以至于无穷，其间由正反进而为合的推进叫做“扬弃”（Aufheben），亦译“止扬”。又柏拉图与赫智尔两氏的学说都是观念的，所以他们的辩证法叫做唯心的或观念的辩证法。

第六，现今所谓唯物辩证法乃系对于自然、历史及思维，探求普遍的关系的方法。这种方法反对对于事物加以个别的观察，并反对将事物在固定不变的关系上加以观察。这种方法主张将事物在最普遍的关系上，在相互依存的关系上，在发展上，加以观察。这种辩证法成立的根据有三：（一）由于自然的观察，（二）由于人类历史的检讨，（三）由于人类思维的研究。形式论理有三种基本原理，即同一律（甲为甲）、矛盾律（甲非非甲）与排中律（甲为乙或非乙）。唯物辩证法亦有三个根本法则，兹略述其要点于下：

第一，对立物统一的法则。这个法则又称两极统一的法则，或对立透通的法则。这包含两种意义。（甲）所有事物，所有概念，结局为一种“绝对的统一”所支配，这就是所谓事物的“同等性”。宇宙间一切事物，从同的方面看，莫不相同。例如“日”分昼夜，昼夜固不相同，但二者均为“日”之部分，故同；圆与多角形由表面上看固有差别，然多角形之角如增至无穷，其极限即为圆，故二者也是相同。光、热、电等皆能力的表现，且可互变，固无不同；即犬羊等，由均为动物这一点看，也可以说是相同的。（乙）所有事物，所有概念，同时亦为“绝对的区别”所支配，这就是所谓事物的“差异性”。宇宙间一切事物，从异的方面看，莫不相异。世界上绝无完全相同的两物。譬如在下雨的时候，吾人能够在无量数的雨点中找出两个完全无别的雨点么？原子由电子所合成，然电子间实可以说是无一完全相同者。狗非犬，白马非马，其理亦复一样。

第二，否定的否定之法则。主张唯物辩证法者以为宇宙无时不在变动之中，而变动成于“否定”。此说导源于赫智尔的“正，反，合”公式，由正而反为一否定，由反而合，为又一否定，故曰否定的否定。

第三，量变与质变的法则。普通一般人们以为质(Quality)与量(Quantity)二者完全不同；而主张唯物辩证法者却以为质变可引起量变，而量变也可以引起质变，量变为渐变，质变为突变。

问题：

一、何谓演绎法与归纳法？

二、何谓直觉法？

三、何谓辩证法？何谓唯物辩证法？

参考书：

一、范寿康：《论理学》

二、大森义太郎：《唯物辩证法读本》(杨尤修译)

第一编　知识哲学

（认识论 Epistemology）

第一章　总　　论

前言哲学为对于自然、人生及知识三者探求综合的根本的原理之学问。现在为什么先讲知识哲学呢？这是因为我们在树立宇宙观与人生观之前，必须先问我们的知识是否可靠的缘故。认识的研究为现近哲学研究之中心问题。盖认识的起源、效力、本质诸问题实为研究哲学时首先所应解决者。正如我们用眼看物，物的形态如何尚属次要问题，眼的正确与否实系先决问题。

但是哲学研究并非始于认识的研究。希腊哲学实肇端于自然哲学，如米利都学派(Milesian School)、爱莱亚学派(Eleatics)的哲学大多注重自然问题的探究。上述二学派里面，虽亦有人间作一二关于认识的研究，然他们的思想都系片断的，他们视知识论不过为形而上学的附属品罢了。把认识能力的问题视为哲学上重要的研究问题，实开端于诡辩学徒。诡辩学徒对于知识的主张偏于消极，其后苏格拉底、柏拉图及亚里斯多德(Aristotle)三大师出，对诡辩学徒加以猛烈的反对，他们承认我们人类可以获得真正的知识，并竭力想把这种知识加以积极的建设。

近代哲学的初期也以建设自然哲学的体系为主要的目的，如笛卡儿(Descartes)的心身二元论，荷蒲斯(Hobbes)的机械论，斯匹诺莎(Spinoza)的泛神论，莱蒲尼兹(Leibnilz)的单子论都是其例。直到洛克(Locke，1632—1704)所著的人类悟性论("Essay on the Human Understanding")出，而后认识论始成独立的研究。在洛克以前，关于认识的片断的研究固属不少，然依严格的意义言之，洛克实可说是认识论的元祖。康德(Kant，1724—1804)承洛克之后，著有纯粹理性批判("Kritik der Reinen Vernunft")一书，于是认识论的体系遂告完备，而世之学者亦益加重视，把它作为哲学研究上的中心问题了。

认识论上有三大问题，兹条列于下：

第一，认识的起源问题。

（甲）唯理论（Rationalism）。谓认识的起源由于先天的理性。

（乙）经验论（Empiricism）。谓认识的起源由于后天的经验。

（丙）批评论（Criticism）。调和上列二说以为理性与经验同为认识之源泉。

第二，认识的效力问题。

（甲）独断论（Dogmatism）。以为认识效力大至无限。

（乙）怀疑论（Scepticism）。以为认识效力极为渺小，甚至于无。

（丙）批评论（Criticism）。以为我们的认识对于某种问题固能解决，但亦有某种问题为我们的认识所不能解决的。

第三，认识的本质问题。

（甲）素朴的实在论（Naive Realism）。以为我们的知识乃系外物的正确的模写。

（乙）观念论（Idealism）。以为我们的知识乃系主观的或客观的观念绝不依据于外物。

（丙）先验的观念论（Transcendental Idealism）。承认物如（物本身）的存在，但物如对于认识不过是一种材料，必待物如触发我们的感官，再经悟性的整理，我们方才可以获得知识。知识含有材料及形式二种要素。

（丁）批判的实在论（Critical Realism）。承认宇宙之间确有实在，有的知识系外物的正确的模写，而有的知识却未必如此。其立论较素朴的实在论更进一步。

问题：

一、为什么我们在研究自然哲学及人生哲学以前须先研究知识哲学？

二、试述洛克及康德对于认识论的贡献。

三、认识论里面的三大问题是什么？

参考书：

一、范寿康：《认识论》
二、范寿康：《康德》

第二章 认识的起源

本章所论为认识起源的问题，而对这问题的解答从来有唯理论、经验论及批判论三种。唯理论一名先天论(Apriorism)。照唯理论讲，人类的理性为一切知识的源泉，凡具有普遍必然性的知识都由理性产生。理性里面先天地具有正确的原理。我们如以这种先天的原理为基础而藉演绎推理法以演绎之，则种种正确的知识因以产生。若由经验得来的知识是不具普遍必然性的。经验论一名后天论(Aposteriorism)，立论正与唯理论相反。照经验论讲，人类知识的渊源乃在于后天的经验；人之初生其内心犹如白纸，未着痕迹，一切知识俱由后天的经验产生。经验论中有以感官所得外部的经验为知识的根本要素者；以其偏重感觉，故名感觉论(Sensationalism)。批评论则想折衷唯理与经验二说，加以调和。照批评论讲，知识产生的源泉有二，即出自理性的那种形式的要素与出自经验的那种材料的要素。二者缺一，知识即无从成立。

第一节 唯理论(Rationalism)

(一)柏拉图(Plato，427—347 B. C.)的唯理论。柏氏把世界分为两重：一为理念(Idee)的世界，一为现象(Brscheinung)的世界。前者真实常住，为实在的世界；后者变幻无常，为虚妄的世界。我们用感觉只能看到现象的世界，若理念的世界则必须依据灵魂(理性)始得探知。因为灵魂本与理念同类，所以与其他理念同，灵魂也系不生不灭，无始无终。我们出生之前，灵魂已在，我们死亡之后，灵魂犹存，其与我们的肉身的结合乃系暂时的。灵魂的进入肉身乃系灵魂的堕落。当灵魂堕落到我们肉体里面时，灵魂为物欲所蔽，遂至丧失了灵魂的本性。然当灵魂未曾堕落时，曾经目观过理念世界中的各项理念，所以在灵魂转入现世后一与现象世界的事物相接触，便能追忆从前所见过的理念而致其爱慕。这样，柏氏以为宇宙的真理本具于吾心，不待经验而后得，徒以蔽于肉体，逐至模糊不甚明晰罢了。

（二）笛卡尔（Descartes，1596—1650）的唯理论。我们关于现象方面的知识往往含有错误（如普通以为太阳出自东方，没于西方等），但关于数学的知识却甚正确（如二加二等于四）。数学的知识的根源完全由于理性，故欲获得真正的知识，必须依据理性。这是笛氏的根本思想。然而数学的知识是从自明的公理演绎而得，那末，关于我们可用以演绎一切的认识的那种公理究是什么？笛氏以为这是“本有观念”（Innate Idea），就是人类生来所具有的那种观念。那末，我们根据什么来知道这种观念，并根据什么再由这种观念来施演绎呢？笛氏以为这就是思维，就是理性。

笛氏的思想发展上的步骤约略如下。照笛氏想，从来笛氏所看做真正知识的都是直接或间接根据感官而来，但是有时笛氏也曾发见这种感官是会欺骗人的。一次受了欺骗以后，就对感官不肯信用了。有人说：感官关于微小远隔的事物也许会行错误的传达，但如“我在此地”这种知觉是绝不会错的。但是，我们在做梦时，我们也常常以为“我在某处”而信以为真。可是醒后，有谁肯信以为真呢？那末，现在所谓“我在此地”这种知觉难道一定不会同梦中一样么？也许有人说，梦中的现象绝没有这样明了。但是仔细想来，这话未必可靠，有谁可以保证我们现在一定不在一个大梦之中？然则我们果真没有最确实最普遍的知识么？笛氏以为这是有的，但这不是感觉的知识，乃系数学的知识（形状，分量等）。而更进一步，笛氏对于数学的知识，也未始不加以怀疑数学的知识难道一定不会欺骗我们么？怀疑到此，我们在世界上遂至一无可信。于是境地一转，笛氏以为至少“自我”是确实的。为什么呢？一切知识虽都可怀疑然怀疑却是事实，而怀疑必须有怀疑的主体“我怀疑一切”之中已暗示着怀疑的“我”的存在。也许有人说，难道你能保证没有恶作剧的神使我想以为我存在的么？

但即使神欺骗我，神一定也须有可欺骗的对象，这也就是我。故在“神欺我”中也肯定着我的存在。不管“我怀疑一切”也好，“我想以为我被欺骗”也好，其中都含有“我”的存在。换言之，当我思想时，“我”是的确存在的。所以笛氏有一句名言：“我想故我在”(Cogito ergo sum)。

这样，他把“自我的存在”当做一切知识的出发点。那末，自我是什么呢？照普通的解释，自我乃由身体与精神所合成。但是笛氏所谓的自我却与思维(意识)同义。这是自我的性质中最直接最明晰的性质，其他性质都由此产生。“我知道”等于“我想我知道”(I know=I think I know)，“我看”等于“我想我看”(I see=I think I see)，故思维(Thinking)乃系自我的本质。这是最明晰的事实，所以这就是真。这样，真理性的标准乃为观念的清晰(Clear，指外延而言)与分明(Distinct，指内包而言)。真伪确否的标准存在于观念本身之中，不必诉诸经验。他把一切观念分为本有的、外来的及设想的三种。第三种全出自己的意志，所以可以说是全部错误。第一种最为确实。第二种是由经验得来，如不依据第一种，也就易陷错误。本有观念为我们生来具有的观念，最清晰，最分明。最重要的本有观念为神的观念及物质观念。这是自明的根本观念，其他知识俱可由此演绎出来。这是笛氏的唯理论的要点。

这样，可靠的知识俱由理性而来，其真实与否一以观念之是否外延清晰与内涵分明为准则，是不必诉诸经验的。笛氏的这一种唯理论开了欧洲大陆派哲学的端绪。

第二节　经验论(Empiricism)

经验论，与唯理论相反，以为知识的根源在于经验，而所谓理性乃系茫漠笼统，实不足靠的。此种思想与大陆唯理派相对立，乃系英美派哲学的特色。

(A)洛克(Locke，1632—1704)的经验论。洛克，英国人，其所著人类悟性论(“Essay on the Human Understanding”，1660)为认识论

中重要的著作。经验论的元祖，通常都推培根(Bacon，1561—1626，著有 *Novum Organum* 一书行世)；但培很虽知注重经验，其所论多系方法(此种方法于科学研究上，固有绝大的贡献)，而于哲学理论则殊略而不详。经验哲学的理论，直到洛克始告大备。

洛氏反对本有观念，以为唯理派所谓本有观念，考其实际，也都由经验而生。在唯理论的学问家，本有观念在知识中最为确实，且为一般所认知。他们并以为这些就是不从经验产生的证据。但是洛氏以为这是与事实相反的。他从论理的及伦理的观念加以论证。

现在先就其对于论理的观念的论证讲起。

驳论一：在唯理论者以为论理学上最根本之原理如同一原理(Principle of Identity，“A is A”)及矛盾原理(Principle of Contradiction，“Ais not nonA”)乃系一般所认知的本有的原理(观念)。但是其实，野蛮人与儿童浑浑噩噩，绝不能对这种原理加以认知，我们怎么能说这些乃是本有观念？也许唯理论者说，野蛮人与儿童固然不能认知这些原理，换句话说，当做原理，他们在意识上固不能认知这些，可是这些原理的内容及意义是为人人(包括野蛮人与儿童)心中所具有的。例如他们把同一物看做同一物，就是，他们常以为“雉为雉”，“雉为非犬”等，这足以证明他们已经于不知不觉之间根据这些原理而施行推理了。然而洛氏以为唯理论者既说他们在意识上不能认知这些原理，那末，这些原理不存在于他们心中，不是很明白么？如说在意识上不能认知的东西也存在于心中，这简直是矛盾。所以唯理论者的说明是错误的。又唯理论者如说野蛮人和儿童等心中虽不具有这些原理，却具有认知这种原理的能力。这就与所谓“本有”之义不合。如果把“本有”作如此解，那末，无论什么知识都可以说是本有的，为什么呢？因为假定我们不具认知的能力，我们对无论什么原理，无论什么知识，也就无从认知的缘故。

驳论二：唯理论者也许说，这些原理都是随推理同来，无待于经验，所以是本有的。然而所谓“同来”可有二种解释：第一，作与推理同时发生解；第二，作由推理的帮助而方被发现解。如照第二种解释，这些原理不能说是本有，因为无论什么原理可以说都是依据推理而被我们所发现的。反之，如照第一种解释，那末，唯理论者之说乃与事实相反。为什么呢？野蛮人儿童不知这些原理而能施行推理，可见这些原理是不与推理同时发生，却比推理发生为迟。例如不知“甲非非甲”的原理的儿童也能施行“酸与甜是不同的”那种推理的。

驳论三：唯理论者又说，这些原理，一经指示，一般人们即都能认知，所以与其他原理不同，不是从经验而来，乃是本有的。然而，第一，所谓一经指示，即为人们所认知，这一点绝不能说是本有原理的特征，就是唯理论者所视为从经验而来的各种原理也是如此。第二，一种原理一定须经指示方得为人们所认知，这一点已是证明其原理已非本有。本有的原理是无须他人的指示的。第三，进一步讲，唯理论者所谓一经指示即为人们所认知，其说与事实不符。我们要理会这些原理，其实是要许多的准备，就是有赖于经验的。

因此，洛克下结论说，这些原理纵为一般所认知，我们还不能即说这些原理就是本有，况且事实与此相反，野蛮人儿童对此绝不认知。而儿童经验少，对此不易认知，我们成人经验多，就较易认知，这不是足以证明这些原理的知认与经验大有关系么？这不是足以证明这些原理实非本有么？这样，洛氏从论理上对于唯理论加以攻击。同样，他又从伦理上也曾施以同一的论驳，他以为我们关于善恶的标准绝非本有，这也是为经验所构成的。

在洛氏看来，这样，我们在经验以前一无观念，换言之，我们的心犹如白纸(Tabula rasa)。我们一定要根据经验所得的印象方才得以构成种种的观念。经验有二种：一为我们感官从外部所得来的经验，是谓感觉(Sensation)，二为源于内心诸作用的经验，是谓反省(Reflection)。一切观念都是由这二种经验的种种结合而构成的。

观念分为单纯(Simple)及复杂(Complex)二种。单纯观念有四类：(一)由单一感官而来者，如色之来自目，声之来自耳等；(二)由数种感官而来者，如延长，形状之来自视触二觉等；(三)由反省而来者，如在思维及意欲等作用本身的经验上所获得的各种观念等；(四)由感觉及反省合成者，如苦乐、存在、一、力、连续等。再把多数的单纯观念加以结合，比较其关系，抽象其同一，即成复杂的观念。复杂观念有三种：（一）状态，凡不能独立存在，而必须附属于存在物者，是谓状态，如时间空间等；（二）本体，凡具有诸种性质的独立体，是谓本体；（三）关系，这是指相互的关系，如因果律等。

至于就真理（确实性）的标准论，这在笛卡得为“理性的”（即 Clear 及 Distinct），可是在洛克，则为“直接感觉的”或“能够直接感觉的”。

（B）休姆（Hume，1711—1776）的经验论。继承洛克的学说而加以发挥者为英国人休姆。休姆把古来信以为本有必然的因果律加以破坏。他以为我们实际上只经验着事实互相前后连续地在那儿生起而已，并没有经验着其间的必然的联络。投火于木，则木柴燃烧，这是为我们所经验的。然而我们对于火燃与木烧之间的关系毫不能知，所以在过去，这两个现象固然前后相继而起，但吾人绝不能因此断定在未来也是一定如此。我们不过以过去的经验来推定未来容或如此罢了。所以因果的原理绝非必然地存在于事物之间，也绝非吾人本有的观念。这也是一种经验的习惯的知识，因而这种知识绝非普遍必然的。这样，休姆对于一切知识都表示怀疑，他已进入怀疑论的领域了。休姆以后，英人穆勒（John Stuart Mill，1806—1873）把数学的知识也看做是都由经验而得，其思想与洛克、休姆无异，此处从略。

（C）康迭克（Condiallac，1715—1780）的感觉论。洛克之说入法国而成为纯粹的感觉论（Sensationalism）。在于洛克观念之来，有内官外官二种源泉而人心之中具有比较，抽象诸作用。法国哲学家康迭克则以为观念的起源及人心的活动可以归诸更简单的作用。他以为观念之渊源不外感觉，而人心的活动不外为感受感觉的能力。至于比较，抽象诸作用亦皆成自感觉的感受，我们绝非另具此种特殊的能力。康氏的学说把观念及其他一切心理作用的渊源归诸感觉，所以在哲学上叫做感觉论（这一种感觉论与晚近的经验批判论及彻底的经验论极有关系）。

第三节　批评论（Criticism）

关于认识的起源问题，唯理论者承认先天的理性的存在，经验论者则以为经验或感觉为认识唯一的本源。两说各有所偏，不能概括全体的真理，于是又有德国大哲康德(Kant，1724—1804)的批评论的产生。他把这两派的主张加以取舍，树立了一个独得的议论。

康德把我们的知识分做形式(Form)与材料(Stuff)二种要素。他以为材料为经验所与的要素，就是后天的要素(A posteriori)，形式为在论理上我们心性所本具的要素，就是先天的要素(A priori)。洛克单由经验所与的事项出发，而不许我们心性上所本具的观念之存在；换言之，他仅在知识的要素的一方面以找求知识的渊源。笛卡尔则与洛克相反，他专以我们所本具的要素来说明我们的知识，以为除本来我们所具的事项以外更无所谓知识。康德则折衷二说，以为由经验所与的事项不外是做知识的材料之感觉，而我们的知识却不能单由感觉而成，此外非更有付与感觉以种种形式之作用不可。这种付与感觉以种种形式的作用却是在论理上为我们心性所不具的，绝非从经验中所获得的。无形式，则材料就无规则，就无秩序，就无统一。无材料，则形式也就难免空虚，难免茫漠，难免糊涂。

康德所谓“形式”有两种：一为直观的形式，一为悟性的形式。

他以为我们经验一切事物的时候，把事物必先纳入于时间及空间的形式中而后加以知觉，而这时空的形式却非概念，乃系先天的形式——直观(Anschauung)的形式，我们称时间及空间为直观的形式者，这是与直观中的材料——感觉——相对而言。把感觉抽去以后，在直观中所残留者就是形式。材料的感觉和时空的形式互相结合，于是感官的直观乃告成立。因为我们所谓外物一切都在于空间之中，故空间为外官的形式；而我们在心内所意识的东西一切都在时间中互相连续着，故时间为内官的形式。但一切在空间中的事物实在也被吾心所经验，而吾心所经验的既都在于时间的形式之内，则我们所经验到的外物自然也在时间之中。所以时间不但为内官的形式，间接也为一切事物的形式。

时空是在论理上为我们内心所本具的直观的方法，换言之，就是主观的心性的形式；因之，我们知觉内的事物都非出现于这一种形式之中不可。所以二者既不是实物(在心性以外具有实在的物)，又不是这一种物的性质，也不是其相互间的关系。在康德，所谓时间及空间是主观的，心性的。此种主观却和平常把感觉看做主观的时候的那种主观，其意义大不相同。他以为我们在时空中观看事物的时候，在我们人类的心性中却不许有个人的差别存在其间。例如看见一物或听得一声的时候，所见的色或所闻的声虽由人而不同，但是在空间中观看或在时间中听闻这一点却无人不同。所以把感觉看做主观的时候，那末，我们对于时空二者毋宁可以说是客观的，反较妥当。因此，在康德，普遍及必然的是与先天的不能分离，先天的与心性的不能分离，而心性的与客观的又不能分离的。所以康德虽把在这一种意义下的心性看做主观的，那末，我们把这一种主观的实在也可看做是通常所谓客观的。(若对感觉，我们却不能这样看)。照上面所论，我们可得一个结论，就是：时空是具有经验的实在(Empirische Realitaet)(就是说时空是普遍于经验上所有的事物上面)，但是在经验以外却非具有实在。就是，由知识的成立言，时空实不外是先验的观念性(Transzendentale Idealitaet)罢了。

康德以为经验上的事物不仅是由于时间及空间上之相互共在，并且是更由其他种种关系始能成立的。把我们的感觉纳入于时空形式里面的那种直观，更须依据具有统一作用的那种概念方才能够成为经验上的事物；经验的事物里面的统一性是由这种概念而来的。这样，他把感性所给予于我们的一切看做杂多，对于杂多供给统一的那种概念的作用名之曰悟性(Verstand)。悟性的概念就是思维的形式。对于经验的事物授与统一使之成为真正的客观的事物的实在不外是这一种在论理上我们心性本身上所具有的先天的形式。又使自然界受客观的规律之支配的也不外是这一种先天的形式。时间及空间是我们直观的方法，悟性所供给的概念乃是我们思维的方法。

这样，康德以为悟性所供给的概念不外是由我们的思考力所行使的统一之方法。而由思考力所行使的统一，仔细想来，就是表现在论理学的判断作用之统一。他把判断中的我们的统一的思考力从新颖的知识论上的论理学的立脚点加以考察，而他在列举判断的种种形式以探究悟性的种种概念的时候，却遵照一般所谓形式论理学上的见解。他依据这种见解把判断分成量、质、关系及样相四类，而每类之下又更别为三种，略如次表：

判断(形式论理学)		范畴(认识论)
量		单一(Unity)
	单称	众多(Plurality)
		全体(Totality)
质	肯定	实有(Reality)
	否定	非有(Negation)
	不定	限界(Limitation)
关系	断言	体，性(ubstance and Attribute)
	设言	因，果(Cause and Effect)
	择言	动，应(Action and Reaction)
样相	盖然	可能，不可能(Possibility and Impossibility)
	实然	存在，不存在(Existence and Non-existence)
	必然	必然，偶然(Necessity and Contingency)

康德以为十二种判断中各一判断内各含有一种统一的概念，并把这十二种概念定名“十二范畴”(Kategorie)。而在上述四部类中，第三的概念大体是由第一及第二两概念结合而成(例如众多与单一相合可成全体，实有与非有相合可成限界)。

我们用上面所列举的概念来思维的时候，所谓经验上的事物始能成立。由上述的范畴对于直观里面的感觉统一以后，于是始成为经验上的事物。所以这一种统一作用，绝不是依据经验而始告成立的，却可以说是在论理上经验之所以能够成立的先天的条件。凡是经验上的事物都为这一类概念的作用所造成，所以凡经验事物之所在，这一类概念无不俱被应用。这正和我们之感官的直观上无一不受时空的形式之支配一样。因此，这一种范畴乃具有客观的普通的效力。

问题：

一、何谓唯理论？

二、何谓本有观念？

三、何谓经验论？

四、试述洛克对于经验的见解。
五、何谓感觉论？
六、何谓批评论？康德所谓知识的形式与材料是指什么？

参考书：

同第一章

第三章　认识的效力

认识论上第二个问题为认识效力所及范围之问题。哲学上对于这个问题的解答有独断论、怀疑论及批评论三种。

第一节　独断论(Dogmatism)

独断论的名称始自近代，而其应用的范围，今昔各有不同。昔日所谓独断论，其义较广，举凡哲学组织之未经认识的研究以论证其确实的程度者皆名独断论。现今所谓独断论，其义较狭，凡主张经验的知识与超越的事物之间不必设明确的界限者始称独断论。此狭义的独断论，既谓经验的知识与超越的事物，同在吾人知识范围之内，所以对于人类认识效力之问题断言我们的认识具有绝大的效力而毫不怀疑到我们的认识具有一定的限制。

独断论与唯理论有密切的关系。主张唯理论者差不多都主张独断论。为什么呢？唯理论以为一切真实的知识尽出于纯粹的理性，无待他求，则人类的知识自然没有客观的界限而认识效力的范围当然也就无限了。十七和十八世纪的唯理主义的哲学家，如笛卡尔，莱蒲尼兹等皆主张独断主义，而尤以斯匹诺莎为诸家之冠。斯氏纯藉定义、公理等以为演绎的研究的基础。他从神的观念演绎一切，而对于此等定义、公理等却丝毫没有认识论的证明。

独断论的名称虽始于近代，独断论的应用则已备于古代哲学之中。如柏拉图之以理念为宇宙的本体，德谟克利脱斯(Democritus)之以原子为现象的根源，这些都是独断的理论，与十七和十八世纪之唯理论者实系同一论调。他们未尝对于知识效力上作精密的论究。古人的独断，其最大原因在于认识论的未曾发达。因为在当时，认识效力范围的问题尚未发生，则认识的有无界限自然也就无从论及，而古代哲学家，于小知不觉之间，遂默认知识效力为无穷了。

经验主义亦往往带有独断论的色彩。经验论以经验为知识唯一的源泉，而其所谓经验之中往往有内存的观念与超绝的实在混在一起，不可分离，因此经验论实与唯理论一样，得归属于独断主义之内。

及休姆出，始明言科学上的叙述与形而上学的见解不能居于同等地位，以为形而上学的问题为吾人知识范围以外的事。自康德严斥独断主义以来，独断主义差不多已绝迹于学术界而成为历史上的遗迹了。

第二节 怀疑论(Scepticism)

独断论对于认识的效力加以绝对无限的肯定，而怀疑论反是，却加以绝对无限的否定。故在极端的怀疑论者看来，我们人类是不能获得真确的知识的。

怀疑论的论据确实很多。第一，怀疑论者以为感觉与思维绝不是如通常所想一样是绝对可靠的。例如我们在做梦时，把梦中所见往往借以为真，但其实这些却是虚妄的。图画中的事物，骤视之以为立体，其实却是平面。下列二线长短实是相等，但因箭头向外向内的关系，通常我们每以为AB线长于A'B'线。这都足以证明感觉是含有错误的。不但感觉如此，就是理性的思维也是同样。譬如说，假定此地有工人一百人在一百天内可以造成某一所房屋，那末，据吾人的思维，一千工人，则十天可成，假定有一万工人则一天可成，而假定有十万工人则(只需$\frac{1}{10}$天)不需半天即可造成这种说法在我们理性的思维上固可成立，但与实际事实未免不符。古代希腊哲学家崔农(Zeno)所谓“飞矢不动”的证明，我们也可用以证明这一点。因为就思维方面说，矢自甲点至乙点，必需相当的时间，同样，我们推知矢在通过甲乙间某一无限小的距离时也必需一定的时间(纵使极小)，换句话说，也必需在该无限小的距离(就是一点)上停留片刻，再换句话说，也就在该点上停着不动。所谓运动，这样，是从不动积成的。(此与电影的原理相同，我们所看到的银幕上的事物，无一非活动的，但是其实，电影的事物的运动不过是从无数的不动的影片的连续开映而构成的)。又有一例，亚契雷斯(Achilles)虽说善跑，可是永远追不着龟。因为亚契雷斯前进一步，龟也前进了一个相当的距离，由理性的思维讲，他是永远追不着龟的。可是事实上我们却经验着运动，我们也确实经验着亚契雷斯能追到龟。这不是足以证明理性的思维与实际的事实不相符合么？这不是足以证明理性的思维也不足靠么？所以纵使假定各人的感觉及理性是一样的，我们从感觉或理性所得到的知识也不过是概然的，绝不是绝对可靠的。是为概然论(Probabilism)。况且照事实看，各人的感觉及理性绝非一样，所以第二，怀疑论者以为知识又免不了是主观的。世间所谓是非，所谓善恶，是俱无共通一致的标准的。是为主观主义(Subjectivism)或相对主义(Relativism)。

怀疑论的论据，即如上述。论其派别，则有下列各种。

从怀疑的范围上讲：第一为普遍的(Universal)怀疑论(认为一切知识都不能成立)，第二为部分的(Partial)怀疑论(认为某种特殊的知识，如宗教，伦理的知识等，不能成立)。从怀疑的程度上讲：第一为绝对的(Absolute)怀疑论(怀疑的程度是绝对的)。第二为相对的(Relative)怀疑论(怀疑的程度是相对的)。普遍的与部分的怀疑论里面均有相对绝对之分。

(Ⅰ)希腊古代诡辩学徒的怀疑论。在西洋哲学史上始创怀疑论者实为诡辩学徒。其中最有名的学者为匹罗太哥拉斯(Protagoras，480—411B. C.)，次为哥尔基亚斯(Gorgias，约与Protagoras同时)。

匹罗太哥拉斯以“人为万物之尺度”一语为其怀疑论的根据。他以为我们知觉外物时，我们仅能知道外物接触感官的状况，不能知道外物的实相。感官的状况一有变化，则我们知识亦不能不与之俱变。所谓知识，存于外物与感官接触的关系，感官的所见就是我们关于万物的知识。感官随人不同，个人的感官又随时不同，故知识为个人的，一时的。异其人，异其时，则知识也随之而异。彼我异见，前后异见，我们实在不能定其孰是孰非。这样，一切知识既为主观的，相对的，故绝对不易的真理绝非我们所能获得的了。

哥尔基亚斯的怀疑论更为彻底。其言曰：(一)“世间无物”。假定有物的存在，那末，这种物体不得不为下列三者之一，就是“存在”，“非存在”或“存在与非存在的结合”。(a)如物体为“存在”，则这种“存在”的来源何在？第一，如谓这种“存在”是由他物产生，则所谓他物或为“存在”或为“非存在”，二者必居其一。如说他物是“存在”，那末，因为“存在”是没有生灭变化的，所以由“存在”产生“存在”这句话是不通的。如说他物为“非存在”，非存在产生存在，于理也不可解。第二，如谓“存在”不由他物产生，则这种存在就为无始，唯其无始，故为无限。无限的物体须存在于比无限更大的地方。这是不可能的。更进一步，如世间有所谓物体的存在，则这种存在必为一或为多。如为一则为不可分，而不可分的意义就是说不具任何体积或面积(大小)。可是没有大小的东西绝不是物。如为多，多乃一所集合而成，无一也就无所谓多。(b)如物体为“非存在”，那末，非存在是不存在的，所以物体也并不存在。(c)如物体为“存在与非存在的结合”，但是存在是有，非存在是无，有无二者是无从结合的。因此，三种解释都不可通，所以世界里面任何物体并不存在。(二)“假定有物体的存在，我们对于这种物体也无从知道”因为存在的物体与我们的思想二者完全不同，所以世界上即有物体存在，我们也绝不能知道(思想)。假定物与思想没有差别，那末，我们的思想何以会有错误？就是，物体与思想果为一致，我们的思想照理是应该完全与物体符合。可是事实却不如此，所以用与物体不同的思想来知道物体，绝不可能。(三)“假定世界上有物体的存在，而这些物体又能够为我们所知道，我们也绝不能把这种知识传授于他人的”。为什么呢？所谓知识的传授不得不依赖于言语等外在的符号。而这种符号与我们所欲表示的知识相较，全系别物。他人能否根据这种种符号获得我们真正想传授的知识，是谁也不能加以保证的。我们不能把心中的知识直接移入于他人的心中。因此，我们想把我们的知识丝毫无误地传给他人，实不可能。

（Ⅱ）近代的怀疑论。当经院哲学（Scholastic Philosophy）衰落之际，法国哲学界中颇多怀疑的思想，如蒙德尼（Montaigne，1933—1592）实为其最著者。他以个人的意见的纷纭不一为其怀疑思想的根据。他以为世界的真理不可不一，而事实上人各异见，岂不是因为人类的理性薄弱无能，不能胜任发现真理的重任么？果尔，则我们不得不以怀疑的态度为哲学家的本色了。但是在他，以为怀疑止于学理方面，若在实行，我们对于何者当行与何者不当行，俱甚明白，是无疑的。

此外，英国的休姆对因果律加以破坏，并以为形而上学的本体为不可知，其说亦可届诸怀疑论。不过休姆对于其他经验的知识并不怀疑，故其说站在怀疑论与经验论之间，也可以说是一种部分的怀疑论。

由上所述，我们可以窥见怀疑论内容的一般。但怀疑论不是没有难点的。根据绝对怀疑论者的结论，“我们是不能得真确的知识的”。但是我们要问：究竟这句话是否为真确的知识？如为真确，则世界之中至少有“我们不能得真确的知识”一语为正确不易的真理。如不真确，则我们固有真确的知识了。所以有人说怀疑论是一种自相矛盾的理论。

不过怀疑的精神与态度在研究学术上，在日常行动上，是很重要的。如诡辩学徒的怀疑论为希腊的伟大的哲学组织的前驱，休姆的怀疑论为康德哲学的先导，印其明证。

第三节　批评论（Criticism）

批评论一面不像独断论的样子把认识的可能加以绝对肯定，他面又不像怀疑论的样子把认识的能力加以绝对的否定。批评论一方主张认识的可能，同时他面更把可能的认识的根据及范围加以批评考察。康德的认识论就是批评论。

考古来对于认识的可能加以批评的考察者绝不始于康德，如古代希腊的爱莱亚学派也曾对认识的可能加以批评的考察，以为感官的认识是靠不住的。同样的思想，我们在柏拉图的哲学里面也可找到。到了近世，如洛克休姆等的认识论也多少带有批评论的倾向。不过康德总可以说是集批评论的大成的学问家。康德的批评论把认识的可能问题，加以根本的说明。他一面承认认识的可能，但他面却否定形而上学的认识，以为认识的可能限于经验的范围以内。这样，批评论在承认认识的可能一点上是与独断论相类似，但是批评论绝不如独断论的样子主张认识的绝对无限的可能，它承认认识的可能，同时它主张认识的可能是有限界，有范围的。又批评论在否定形而上学的认识一点上是与怀疑论相类似，可是它承认经验的认识的可能，却较怀疑论是更进一步的。

批评论与实证论(Positivism)一样，以为认识的可能限于经验的范围，但不如实证论的样子把形而上学的问题一切加以否定。在批评论，形而上学的认识在理论上虽不可能，但在实践理性的立场上(当作人类精神上实际的要求)仍是有存在的余地的。

问题：

一、何谓独断论？
二、何谓怀疑论？怀疑论有几种？
三、何谓批评论？

参考书：

各种哲学概论

第四章　认识的本质

我们的认识可分为三方面：一为认识的作用，二为认识的对象，三为认识的内容。所谓认识的本质乃指认识对象与认识内容的关系而言。

关于认识本质的问题，有四种不同的见解：（一）朴素的实在论（Naive realism），（二）观念论（Idealism），（三）先验的观念论（Transcendental Idealism），（四）批评的实在论（Critical realism）。

第一节　素朴实在论（Naive Realism）

据素朴实在论的见解，外物（认识对象）与观念（认识内容）的关系正和人的容貌与其所摄的像的关系相同。所以我们所得的感觉与客观的事物（独立存在）全相一致或互相类似。举凡轻重、厚薄、刚柔、大小以至色、声、香、味等都为事物所本具。我们观念所含的性质都系事物的性质的描写。素朴实在论为一般最为通行的见解，凡不营哲学的思索的人们莫不采取。

考素朴实在论之所以设想主观之外有独立自存的物体以作我们观念的模型，理由有二：

（一）我们的知觉必待外物的刺激之生而后生，亦必待外物的刺激之灭而后灭，其生其灭一以外物的刺激为依归，非我们所得随便左右。所以知觉的发生都应归诸外物的刺激。

（二）我们的知觉作用固然时有间断，而外物则常行存在。我们开眼见山，闭眼则山消灭，但再行开眼，山又依然存在。可见不拘我们知觉与否，外物固皆独立存在，而我们的知觉不外这些外物的映象罢了。

这样，素朴实在论简而易喻，故常人皆采取之。但是假使我们稍稍加以精密的考察，则于其中即可发见不少的难点：

（一）错觉、幻觉、梦境等皆足证明我们知觉之谬误。置棒水中，视之若曲，这便是所谓错觉。患热病者往往无形而有所见，无声而有所闻，这便是所谓幻觉。方梦之时，梦见蝴蝶，固栩栩然蝴蝶也，而不自知其非蝴蝶，这便是所谓梦境。在这种种情形之下，我们的观念是与实物不相一致的。

（二）错觉、幻觉、梦境等之属于迷妄，犹为常人所易知的。此外，亦有种种知觉，在常人观之，方谓得事物之真相，而在科学的考察之下，却未尝与事物互相符合。例如食糖而甘，饮药而苦，素朴实在论者固以为甘与苦乃糖与药所本具的性质。但是其实，物与味觉器关相接触，始有甘苦的分别。使糖与药不与舌相接触而与耳目相接触，则糖何由甘，药又何由苦？所以甘与苦不存在于糖于药，而存在于吾人的知觉。糖与药固然具有引起味觉的能力，却并不具有甘苦的性质；必待我们的味觉机关的作用而后甘苦方才产生。声色也是一样，无耳印无声，无目即无色。所以客观事物所具者绝非这些性质，却不过是引起此种感觉之能力。由此可见观念与外物并不是一致的。

（三）从外物所得的印象，往往因我们所处情况的不同而异其性质。例如有物于此，明度不同，色彩亦因以异，明度适当则色彩饱和，明度过或不及则色彩渐失其本质而至于无色。又如物体的大小与距离有关。由这方面也可证明观念与外物并不一致。

（四）外物的刺激增益时，内界的感觉未必与之俱增。据心理实验，感觉强度的增益与否当视感官当时所已感受的刺激的强弱如何而定。昏夜囊萤，足以照书，置之白昼，或几无睹。刺激增益之度与感觉增益之度，其间有一定的比例。例如听觉，必加旧刺激三分之一而后始有增加之感。又如声太大则感觉不增，声太小则感觉不及。所以观念与外物绝不能说是完全一致的。

第二节　观念论(Idealism)

哲学史上 Idealism 一字的意义颇多，简括言之，约有三种：(一)在形而上学里面，Idealism 可译为唯心论，乃指以精神的实在为世界的唯一的本体的那种理论；(二)在伦理学及美学里面，Idealism 可译为理想论，乃指崇尚理想的那种理论；(三)在认识论里面，Idealism 则可译为观念论，以为吾人的知识要不外为观念，与 Realism 相对，主张认识内容纯系观念所构成，并无任何外物的存在以作吾人认识的根据(故认识对象同时亦为观念的，在它，对象即内容，内容即对象，二者毫无分别)。

观念论分为二类。一为主观的观念论(Subjective Idealism)，以为我们的知识不外为个人的精神里面的主观的历程。这种主张的极端则为唯我论(Solipsism)。主观的观念论者有白克累与菲斯的等。一为客观的观念论(Objective Idealism)，以为我们的知识都系观念的，但所谓观念并非指个人的观念。客观的观念论者有柏拉图与赫智尔等。

(一)主观的观念论

(Ⅰ)白克累(Berkeley，1684—1753)“Esse est percipi”，(“存在即被知”)这句话是白克累哲学里面的一句名言。他以为一切物性都系我们心中的观念，无鼻与舌，我们即不能知道香与味；洛克所谓第一性质也就无从知悉，所以一切外物的存在皆不外为主观的认识。我们见了某种颜色，尝了某种味道，然后把这些感觉的集合体名之曰物(Thing)。并且把这种被知的物看做是与知物的那种活动的存在物(就是所谓心，精神，灵魂或自我)互相对立的。可是把物看做存在于心外的这种见解是矛盾的。因为除了我们感官所能知觉的东西以外，实在别无所谓物的缘故。感觉的性质以外的物的本体不过是一个单单抽象的空名。所谓“物”实就是“无”。但是在其他方面，白克累对于客观的自然终究不能抛弃，他也以为天地万物，不因个人主观的消灭，便失其存在；不过在他，天地万物乃系神的心中所存的永久的观念。个人的心纵或消灭，但神的心绝不会消灭，所以神的心中的观念(天地万物)也绝不至随个人的心的背灭而消灭的。

考白克累的主张，其中实含有矛盾。若他既以为一切客观皆系主观的产物，则其极必陷入唯我论，而否定一切他人甚至于父母的存在。又若他用神的观念来说明天地万物的客观的存在，则神的根据究竟何在？如说神为形而上学的本体，则白克累的理论已超出认识论的范围而踏进形而上学的圈子了。

(II)菲斯的(Fichte，1796—1879)，他的主张亦为主观的观念论。菲斯的以为真实的存在只有“自我”(Ich)。凡我们所能认识的东西都存在于自我之内。固然“自我”以外，尚有“非我”与“自我”互相对立着。然此种分割的“自我”与分割的“非我”实皆为“自我”所树立而成，“自我”以外绝无所谓与“自我”完全独立的“非我”。一切事物皆出自“自我”，所以常人所谓外界实亦“自我”的内界。知识的内容要不外为我们意识里面的观念而已。菲斯的以自我为一切事物的出发点，虽可说是纯粹的主观的观念论；但其所谓“自我”之中既包含有“非我”又不能不说是主观兼客观的。怎样从主观产生客观的一切事物，仍不失为一极大的难点。由我们看来，他的这种理论毋宁与科学的事实相反。例如空气的振动足以引起我们的声音的感觉，这样，感觉起因于客观的刺激，这是谁也周知的明显的事实。

(二)客观的观念论

(Ⅰ)柏拉图(Plato，427—347 B. C.)。他以为 Idea(观念或理念)乃宇宙的真正的实在。现象界的事物皆系 Idea 的模仿。真正的知识乃系关于 Idea 的知识，对这种知识的探求有赖于归纳及演绎的方法。这些方法可以使人把握事物普遍不易的本质，就是 Idea。其理论偏于形而上学，与认识论关系甚少，兹不多赘。

(Ⅱ)赫智尔(Hegel，1770—1831)。他把绝对的理想(Idea)看做宇宙的本体。这绝对的理想向外发展则为自然界，再向内发展则为精神界。一切事物皆不外这绝对的理想的显现。所以在他，一切合理的就是实在的，一切实在的就是合理的。一切发展俱由正而反，这就是他所谓辩证法(Dialektik)。其论亦偏于形而上学，详见第二编中，此处从略。

第三节 先验的观念论(Transcendental Idealism)

这样，纯粹的观念论既有缺点，而素朴的实在论也难成立，所以近代德国大哲学家康德站在更高的立场把二者加以综括，树立了一种独得的见解。这就是所谓先验的观念论了。

康德的哲学，如上所述，想把唯理论和经验论加以调和。照他的见解，我们的感性(直观)先把外界的刺激排列于时间及空间形式之中构成现象界，而当现象界进入于我们的意识之中时赋予以一定的秩序以构成我们的认识的乃系我们的悟性作用。在他，这悟性的形式(十二范畴)乃系先验的。这在论究认识的起源时已加介绍，兹不具论。

现在更进而论认识的本质的时候，我们不得不再把范畴的作用加以说明。范畴为悟性的形式，所以我们的问题有下列三个：(一)纯粹主观的概念(范畴)怎样能够具有客观的妥当性？(二)悟性的形式(范畴)怎样能与感性(直观)结合？(三)认识的材料是什么？认识对象能够为我们所知道么？论究第一个问题的，就是范畴的先验的演绎论；论究第二个问题的，就是范畴的图式论；论究第三个问题的，就是物本身论。

第一个问题实为认识本质论的要点。照康德讲，在一切认识，写象(主观的认识内容)，与物体(客观的认识对象)二者之间的统一调和是不可少的。而对这种调和的解释只有二途。就是或把物体看做写象的根源，或把写象看做物体的根源。照前者讲，写象与感觉一样单单是经验的。可是我们在说明经验时以为经验以前已经有先验的形式的存在，所以我们不得不把写象看做是我们所知道的那种物体的根源。范畴(主观的)的客观妥当性的根据实在于此。这样，康德的理论是一种观念论。他以为认识内容(写象)乃系现象的普遍必然的结合，而这种结合的所以成立全赖先验的意识统一。这先验的意识统一，在他，叫做先验的统觉(Transcendental Apperception)，叫做自我(ego)。这样，我们的经验的认识完全依据于这种统觉；所谓经验，所谓自然界都不外是为我们的意识所统一的那种写象。我们所当注意的，此地所谓意识并不是经验的、个别的，却系先验的、人人同一的。既系先验的，所以这种意识的统合是普通必然的，是具有客观妥当性的了。

第二个问题为悟性的形式怎样能与感性结合？康德用图式论加以说明。他以为悟性的形式与感性所以能够结合，全赖图式(Schema)。想像力(位在悟性与感性二者的中间)给予我们图式，把概念介绍于直观，而这一种图式乃由时间的直觉上所获得的。为什么呢？所谓内官的形式——时间——乃一切经验的直观形式，无论何物绝没有不在时间内而为我们所经验的。因此，我们使用概念上最有关系者当然为这时间的形式。进一层言，悟性的概念当其被应用于直观时必定顺从时间上某一种关系。分量的图式为时间的系列，性质的图式为时间的内容，关系的图式为时间的顺序，样式的图式为时间的综括。这样，时间上的某一关系——图式——作为媒介，于是各范畴始能被应用于直观的现象上面。

康德的学说虽大体是观念论，但在他方，他却以为现象之后还有现象的基础的存在。观念虽为主观的，但需材料。这就是所谓物本身了。这样，在他，世界分为二元，一为感觉界，一为本体界。在他，物本身即本体，是不可知的。

这样，他的学说略含矛盾，所以后来分为下列二派。注重物本身的一派里面，有赫尔巴特(Herbart)，以为 Reale(实体)是可信而不可知的。排斥物本身的一派里面，则有菲斯的、谢林及赫智尔等。

第四节　批评的实在论(Critical Realism)

照上所述，色声香味不存在于物体，而观念与外物是未必一致的。所以素朴实在论的见解无科学上的价值，自不待言。批评的实在论则以科学上事实为根据，知道色声香味之存于感觉而不存于物体，故但言物质的能力与运动于意识之外有独立的存在。物质的运动刺激感官，因以唤起我们的感觉。然刺激与感觉，初无类似之点，如声音与空气的振动，色彩与以太的波动，其间未尝有一致之点。

洛克(Locke，1632—1704)的学说可谓此说的代表，他反对本有观念，以为一切观念皆由经验而生。经验有二种：一为关于外界的经验，一为关于内界的经验，前者叫做感觉(Sensation)，后者叫做反省(Reflection)。从顺序讲，感觉先于反省。反省为对于各种心的作用的觉知，而各种心的作用是一定要以由感觉得来的观念做内容的。我们的心本如白纸(Tabula rasa)。在这白纸上记入观念的为经验。从外官(External sense)及内官(Internal sense)二个窗户把印象印在我们心上，这就是我们的知识。

观念可分为二类。第一类为单纯观念(Simple Ideas)，其中又可分为下列四种：(1)由一个感官得来的——色，声，香，味，温热之感等。(2)由二个以上感官得来的——延长，形状，动静等。(3)由反省得来的——关于一切心的作用的各种观念。(4)由外官及内官得来的——“快乐”与“痛苦”，内外官俱能感到“存在”这种观念由外官(事物的存在)及内官(各种观念的存在)得来；“力”这种观念是由外物波及作用于我们的意志波及作用于外物而得来的；“一”的观念由外官(一物)及内官(一个想念)得来；“继续”这种观念是由外官(事物的连续)及内官(想念的连续)得来的。

照洛克的见解，我们外官所得的观念，通常视为外物的性质。对于这种种性质应设区别。就是说，有些性质是属于外物本身；有些性质则仅存在于我们的感觉上面，非外物所固有。延长，形状，数量，动静及充塞性(Solidity)等性质为物体所固具，是曰第一性质(Primary Quality)。色，声，香，味，寒，暖等性质则仅存于感觉之上，是曰第二性质(Secondary Quality)。不过这第二性质虽不得谓为物体之所固有，但所以唤起我们这些感觉的能力，则固物体所本具者。详言之，物体根据第一种性质(即组成物体的那种分子的大小，数目，运动等)是具有引起我们心中色，声，香，味等观念的那种能力的。

第二类，洛克所谓复杂观念(Complex Ideas)系由单纯观念结合而成。其种类有三：(1)状态的观念(以本体为前提)，(2)本体的观念(可以具有种种性状)，(3)关系的观念(二物比较后所得)。结合的方法则有结合作用，比较作用及抽象作用(舍异取同)三种。

问题：

一、认识的本质是指什么？
二、何谓素朴的实在论？其难点何在？
三、何谓观念论？主观的观念论与客观的观念论的区别何在？
四、何谓先验的观念论？
五、康德所谓“图式”，“物本身”，是指什么？
六、何谓批评的实在论？何谓“第一性质”与“第二性质”？

参考书：

关于各家学说，可参考各种西洋哲学史。

第五章　结　　论

第一节　对于康德知识哲学的批评

康德的知识哲学一面承认了我们意识以外"物本身"的存在，一面却设立两重形式而把"物本身"看做是绝对不能被我们所认识的。当康德承认存在于我们之外的物本身对于我们的表象互相对应的时候，他是一个唯物论者。而当康德宣言着这物本身乃系我们所不能认识的，超越的，彼岸的东西的时候他是一个观念论者。因为他承认经验或感觉为知识唯一的源泉，由此他得把他的哲学转向感觉论，也得经感觉论，在一定条件之下，再转向到唯物论。因为他承认空间，时间，因果性等的先验性，由此他得把他的哲学转向到观念论。这样，康德的哲学的基本的特征乃在于唯物论与观念论的调和或妥协。正因这样他站在半途的中间，所以不拘彻底的唯物论者与彻底的观念论者（同样，连纯粹不可知论者）对他都表示不满，表示反对。

不可知论者休姆和他的信奉者雪尔采（Schulze，1761—1833）以及观念论者以为康德对于物本身的承认乃系他对唯物论及实在论方面的让步，这最为不当。照雪尔采的见解，物本身既是超越一切经验的界限的东西，我们当然非把它抛弃不可。客观的实在究竟是否存在是不可知的。物本身的承认实与不可知论互相矛盾，且有把哲学转向唯物论的危险，所以康德的理论是错误的。而观念论者却要求从纯粹思维之中不但引出直观的先验的形式，并且彻底地连世界一般（把"人"扩大到抽象的自我，绝对的理念或宇宙精神等）也抽引出来。菲斯的以为康德对于物本身的承认乃系一种实在论，他对于观念论与实在论并未加以明白区别。康德既经把物本身当做客观的实在的基础，他的理论就不能称为批判的观念论，照菲斯的的见解，普通所谓哲学家往往想把意识从物加以引出，但考其实，所谓物一定是与物的意识或藉物的意识而进入于自我之中的。“意识与物”，“物与意识”，再精确些讲，“起初非物也非意识，不过后来逐渐分解为物或意识的那种东西”，“无条件地主观的兼客观的，而且又是无条件地客观的兼主观的那种东西”，这才是我们真能加以把握的。

在其他方面，唯物论者却因为康德的哲学带有观念论的色彩，所以攻击康德；他们一面对于康德哲学里面所含的观念论的各点加以驳斥，而在他面又论证物本身的认识可能性，论证物本身与现象之间并没有根本的差别，论证所谓因果性等不应从思维的先验的法则，却应从客观的现实，加以抽出。

近代唯物论者福尔巴哈（Feuerbach，1804—1872）排斥康德，不是因为康德是实在论者，却是因为他是一个观念论者。他把康德的哲学体系名之曰“站在唯物论的基础上面的观念论”。福尔巴哈就在康德把物本身看做被我们所思维的实体而不把物本身看做现实的存在这一点施以批评。康德以为感觉或经验的对象都不外是单单的现象。所谓单被我们所思维的实体（物本身）对于我们不是现实的对象。在康德，实体为悟性所把握，存在则为感官所把握。没有实体的存在是单单的现象，是感觉的“物”。没有存在的实体是被思维的实体，是“物本身”。这是为我们所思维，而且是不得不被我们所思维的。但是这是不具存在（至少不具我们所谓存在），这是缺乏客观性的。这物本身虽是真实的物，却不是现实的物。这样，康德把真理从现实分离，又把现实从真理分离，这难道不是极大的矛盾么？福尔巴哈攻击康德，绝不由于康德的承认物本身，却是由于康德的不承认物本身的现实性；也绝不由于康德把物本身看做“被思维的实体”，却由于康德不把物本身看做“具有存在的实体”。因为康德的理论违背唯物论，而且这种哲学必然地会转向到菲斯的一流的观念论或其他感觉上面去，所以福尔巴哈把它加以排斥。

福尔巴哈的弟子里面也有人攻击着康德，以为康德的哲学乃系两栖动物。它一面是唯物论，一面又是观念论。当做唯物论者或经验论者，康德承认着物本身。可是当做观念论者，他又承认着与感觉的“物”完全不同的那种“精神”。这样，现实的“物”和所以理解这些物的“精神”互相对立着，那末，这种“精神”究竟怎样能够与完全异质的“物”接近呢？康德的遁辞以为精神具有若干先验的认识，因此，物不得不照现在精神所见到的样子映入精神之内。所以我们把物照现在所认识到的样子加以认识，这实出于我们的创造。我们身内所具的精神不外为神的精神。正和神创造世界一样，我们的精神从物创造出与物本身不同的那种现象。在唯物论者，物质与精神根本不是具有差别的，所以先验的认识与物本身的区别实在没有设立的必要。

此外，拉发尔克(Lafargue，1842—1911)在1900年对于康德更有彻底的批判。他以为化学家对于物本身的研究最为进步，化学家钻入到物体的内部，把物体分析为各种要素，然后再行综合，由各种要素组成物体。假定人们到了能够自由制出物体以供使用的时候，那末，从这时候起，人们可以说是已经知道了物本身的。即使基督教的上帝是存在的，是把世界加以创造的，上帝的能力想来也不过如是罢。

第二节　辩证唯物论者的认识论

主观的观念论者与唯物论者都可以把感觉看做我们知识的源泉。白克累和第台罗(Diderot，1713—1784)都是从洛克出发的。认识论的第一个前提当然是“我们知识的源泉是感觉”。对此，上述二派的意见可以一致。而认识论的第二个前提乃是“感觉为客观的实在的反映”。对此，二派的意见就分歧了。所以同以感觉为认识论的出发点的时候，我们既能采取主观主义的方向或唯我论(在唯我论，物体为感觉的集团或结合)，也能采取客观主义的方向或唯物论(在唯物论，感觉为物体的映像)。在第一种见地，世界上无所谓客观的真理。在第二种见地，客观的真理当然是被承认着。

如色彩在实际上为仅仅存在于视网膜的感觉，那末，我们就须承认独立于我们外部的及具有一定长度与一定速度的那种以太的波及作用于视网膜而构成各种色彩的感觉。自然科学者对于各种色彩的感觉都依据独立存在于我们外部的各种光波的长度加以说明。这就是唯物论的见解。物质波及作用于我们的感官，我们的感觉于此产生。更进一步，感觉又依存于脑髓、神经、视网膜等由一定方法所组织成的物质。物质的存在不是依存于感觉的。物质是第一次的，基本的。所谓感觉，所谓思维，所谓意识，都是由特殊方法组织成的物质的最高的产物。

在唯物论者，感觉为意识与外面的世界二者的真正的直接的结合。外部的刺激的“能”转化为“意识”，这就是感觉。观念论者则反是，他们把意识从外面加以分离，他们不把感觉看做是意识与外面的世界的结合，他们以为意识是唯一的存在，却不是外面的现象的反映。但是从唯物论的立场讲，这些都是观念论者的诡辩。唯物论者明白主张感觉实为运动的物质的映像。我们除了感觉更无方法能够知道物质的任何形态和运动的任何形态。运动的物体对于我们感官波及作用，于是就引起我们的感觉。这是自然科学所证明的。就一般讲，人类的感觉反映着客观的实在。所以唯物论者认为客体是对主体独立存在的，而且多少总可以正确地映入于主体的意识里面的。

这样，唯物论既承认了客观的实在的存在，同时必然地也不得不承认时间空间的客观实在性。在这一点，唯物论是与把时间空间看做先验的直观形式的康德主义完全异趣。福尔巴哈主张空间与时间绝不是单单的现象形态，这乃是存在的根本条件。物或物体不是单单的现象或感觉的集合，却是对于我们的感官波及作用的一种客观的实在，同样，空间及时间也不是单单的现象，乃是存在之客观的兼实在的形态。在世界上，除了运动的物质之外，更无他物的存在，而这运动的物质，除在空间及时间里面外更不能有所谓运动。关于空间及时间的人类的表象是相对的，但是由这些相对的表象可以构成绝对的真理。这些相对的表象一面发展，一面进向并且逐渐接近绝对的真理。在唯物论者，关于空间及时间的概念固然是可变的，但现实的空间及时间却是客观地独立存在着，并且为引起我们关于空间及时间的概念的根源。所谓存在的基础的形态为空间及时间；时间外的存在，与空间外的存在一样，是最无意义的梦话。

唯物论者又明白承认“物本身”的认识可能性。不可知论者休姆和先验的观念论者康德都把“现象”与“被表现的对象”，把“感觉”与“被感觉的东西”，把“我们所谓物”与“物本身”加以歧视。休姆以为“物本身”是不能为我们所知道的，所以关于“物本身”的一切理论在哲学上不能成立。康德虽承认“物本身”的存在，但他也以为这是一种“不能认识的东西”，“在我们认识能力所及范围以外的彼岸的东西”，“不能知道，却只可信仰的东西”。这二位哲学家的见解，由唯物论者讲，是无意义的。为什么呢？譬如说，假定昨天我们还不知道在炭脂(oaltar)里面有阿力柴林(Alizarine)这一种色素的存在，等到今天，我们方才知道。那末，昨天在炭脂里面有没有阿力柴林的存在，乃成问题。当然，这是存在的。如有人出来反对，他可以说是蔑视着一切近代的自然科学，也可以说是抹杀着实际上的事实。我们果能把这种反对的见解看做不合事实与论理，那末，我们就可下三个很重要的认识论上的结论。

(甲)物或物体是独立地存在于我们的感觉或意识之外的。就是物或物体是独立存在于我们的外部的。因为阿力柴林昨天存在于炭脂里面系一件无可怀疑的事实，而我们昨天没有知道阿力柴林的存在，我们昨天对于阿力柴林没有任何的感觉这件事也是一件无可怀疑的事实。

(乙)在现象与物本身之间，并没有而且也不能有任何原则的差别。所谓差别不过存在于已经被认识到的东西与尚未被认识到的东西之间罢了。在现象与物本身之间想树立一种特殊的界限的哲学的都是捏造，都是空谈。

(丙)在认识论，与在科学的其他的领域一样，我们应取辩证法的考察。换句话说，我们不应把我们的认识看做固定不变的和绝对完全的，却应对“怎样从无知进展到知识的产生”以及“怎样从不完全不正确的知识进展到比较完全比较正确的知识”等加以分析。

这三点就是唯物论者关于物本身的认识主张了。

唯物论者又明白主张人类的实践乃系检定真理的规准。假定我们对于自然法则还未认识以前，那末，这些法则存在于我们意识之外，对我们有波及作用，把我们当做“盲目的必然性”的奴隶。一旦我们如把独立存在于我们意识之外且不绝地在那儿波及作用的这些法则加以认知，那我们就从被自然所支配的奴隶一变而为支配自然的主人翁了。在人类的实践上所表现出来的这种对于自然的支配乃系自然的现象和历程的客观的正确的反映之结果，而这种反映就可以说是客观的真理了。

再就认识论的辩证法讲，马哈(Mach，1838—1916)一流的相对主义是不行的。把相对主义当做认识论的基础的时候，那末，人们必然地会堕入到怀疑主义，不可知论及主观主义里面去的。相对主义不仅承认知识的相对性，并且否认那独立存在于我们外部的客观的实在。在相对主义者，科学的观念形态与宗教的观念形态(为着二者都有便利或实用)可以并存不悖。辩证法固也认为真理为相对的，但辩证法的归结绝不在于相对主义，换句话说，主张唯物辩证法的人们虽都以为知识是相对的，但他们所谓相对的意义绝不在于否认客观的真理，却在于承认我们的知识向着客观的真理逐渐接近时的那种历史的制约罢了。就是说，在最近的唯物论，我们知识向着客观的绝对的真理逐渐接近时的界限固然受着历史的条件的限制，但是客观的真理的存在是无条件的，我们向真理渐在接近这件事也是无条件的。这一种对于相对的真理与绝对的真理所设的区别在防止科学的真理的硬化或固定上虽是不确定的，可是同时在防止堕入不可知论及观念论上却是充分确定的。这是辩证法的唯物论与相对主义的一条界线。

这样，唯物论者明白主张客观真理的存在。客观真理的否定乃系不可知论或主观主义(实用主义也为主观主义之一)。而客观真理的否定的不合理是很容易加以证明的。唯物论者，与自然科学家一样，承认地球在人类产生以前即已存在为一种客观的真理。这是谁也都会赞同的。可是不可知论者却以为人类产生以前地球究竟是否存在是不能为我们所知道的(进一步讲，在他们看，连现在地球究竟是否存在也是一件不能知道的事)，而主观主义者或以为未曾被我们所经验到的地球的存在不是真理(因为在马哈主义者，所认真理乃系经验的组织化的形态），或以为这种地球已经存在于人类发生以前的理论，万一不适用时就不能算为真理的（因为在詹姆斯（James）等实用主义者，适于实用的理论才得称为真理）。

总之，唯物论者承认客观真理的存在，而我们在认识上不能一次就把这客观真理全部吞下，却在逐渐加以认知，逐渐向之接近。因为我们关于客观真理所现有的知识不是完全的，还在逐渐发展，所以是相对的；而因为这一种相对的知识包含着绝对真理的要素在内并且无条件地正在逐渐向着绝对真理接近，所以也是绝对的。

问题：

一、试述福尔巴哈对于康德知识哲学的批评。

二、试述辩证唯物论者的认识论的要点。

三、辩证唯物论者谓我们的知识一面是相对的而同时一面又是绝对的，其真义何在？

参考书：

杨东尊：新唯物论的认识论

第二编　自然哲学或形而上学

（Metaphysics）

第一章 总　　论

研究自然的问题的哲学理论叫做自然哲学或形而上学(Metaphysics)。形而上学在哲学史上占最重要的一部分。考Metaphysics的名称起源于希腊。亚里士多德死了以后，他的弟子整理他的遗著，把他论究一般原理的论文排在他的物理论(Physics)之后而名之曰Metaphysics(Meta = after，Metaphysics即物理论以后之论文)。Meta本为位置上的“后于”之义，但到了后来，又成为性质上的“后于”之义了。Metaphysics这个字虽始于亚里士多德之死后，但形而上学这一种学问却始于亚里士多德以前，如柏拉图的Dialectics也完全是形而上学。

形而上学的问题包括两类：

I　本体论(Ontology)。“自然的本质是什么”？为本体论所探究的问题。本体论里面又有二元论及多元论。

(A)一元论(Monism)。以为宇宙万象都为一种最后的本质所构成。

其中又有：

(1)唯物论(Materialism)。以为物质为宇宙万象的最后的本质，例如拉马脱利(Lamettrie)的学说。

(2)唯心论(Spiritualism)。以为精神为宇宙万象的最后的本质，例如柏拉图的学说。

(3)具体二元论(Concrete monism)。以为物心二者乃实在的两面，乃构成实在的二种根本的要素例如太雷斯的物活论。

(4)抽象二元论(Abstract monism)。以为物心二者乃实在表现的二种形式而非构成实在的二种要素。例如斯匹诺莎的无限实体论。

(B)二元论(Dualism)。以为宇宙万象乃由二种最后的本质所构成。例如笛卡尔的物心二元论。

(C)多元论(Pluralism)。以为宇宙万象是由多数(二种以上以至无数)的最后的本质所构成。这乃系二元论的变相。因为唯心，唯物等一元论是单就本质的性质而说的；若就本质的数量讲，则唯心论者或唯物论者也可以把心或物看做是从多数的原素(物质的或精神的)结合而成的东西。如德谟克利脱斯的原子论及莱蒲尼兹的单子论就是其例。前者的学说一面是唯物论，一面却是多元论。后者的学说一面是唯心论，一面却也是多元论。

Ⅱ 宇宙论(Cosmology)。宇宙论所探究的问题有二，就是：(一)“自然的发展的历程是怎样”？和(二)“自然的究极是什么”？就是“在自然的背后究竟有无神的存在”？

对于自然的历程的见解有：

(A)机械观(Mechanism)。以为世界事物的一切变化都依据着因果的法则，别无所谓意义与目的。

(B)目的观(Teleology)。以为世界事物的一切变化是有目的的，换句话说，世界向着某一目的逐渐进展着。所谓因果法则乃系世界接近目的的一种手段。

对于自然的究极的见解有：

(A)有神论(Theism)。

(1)一神论(Monotheism)。

(甲)据人神论(Anthropomorphic theism)。以为神是超越的，人格的。

(乙)泛神论(Pantheism)。以为神是内在于宇宙万物之中的。

(丙)理神论(Deism)。以为神是合理的。

(丁)人格神论(Personal theism)。以为神是内在的，人格的。

(2)多神论(Polytheism)。

(B)无神论(Atheism)。

问题：

一、何谓自然哲学或形而上学？
二、何谓本体论？
三、何谓宇宙论？

参考书：

各种哲学概论

第二章　本　体　论

第一节　唯物论(Materialism)

把物质看做是宇宙的最后的本质的那种见解叫做唯物论。今就唯物论发展的历史加以简略的叙述。

(一)古代希腊的唯物论

德国哲学家兰凯(Lange，1828—1875)在其著作唯物论史("Geschichte des Materialismus")里面说："唯物论的历史与哲学的历史同样悠久。"此言确具至理。唯物论的见解，自有哲学以来，即已发生。我们试观希腊第一期的哲学，殆无一不为唯物主义，因此可知世界上一有哲学，就有所谓唯物主义了。人类思想进展的历程一般都是由具体而抽象的。西洋哲学的始祖太雷斯(Thales，640—546—B. C.)以水为宇宙最后的本质。固然，太雷斯所谓水，其意义与现在所谓水(H_2O)不同，他是指流动性的溶液或活的液体而言，因此，他的见解，严格讲，乃是物活论(Hylozoism)，不能说是真正的唯物论；不过他的见解总可以说是带有唯物论的色彩的。亚那克西曼特(Anaximander，611—545 B. C.)继太雷斯而起，以 Apeiron 为万物之原。Apeiron 的意义为无极(The Unlimited)。他以为原质在化生万物时没有限制，所以其本身也非为无限不可。这种无限的原质，我们绝不能求诸日常事物，因为日常事物是有限的。这样，他以为在时空上没有极限的 Apeiron 方才配做原质。Apeiron 为一种占有空间的物体。由 Apeiron 最初分离而出的为寒暖二种反对的气体，寒暖混合就成液体，再由液体化生万物。然后万物再依据必然的法则还原于 Apeiron。可见亚那克西曼特的思想已较太雷斯更为进步了。最后，亚那克西米纳斯(Anaximenes，588—524 B. C.)则以空气为万物的原质。他以为亚那克西曼特的无极，可于日常经验的事物中求之，所以他以空气来代替亚那克西曼特的 Apeiron。他所以选择空气的理由似在于空气易于变化和易于运动二点。关于从原质化生万物的历程，他的说明较亚那克西曼特更为详尽。他以为空气因运动而生厚薄，因空气的厚薄乃生万物。空气的浓厚就是空气的寒冷，空气的稀薄就是空气的暖和。这样，他把亚邪克西曼特所谓寒暖的对立从同一物(空气) 的作用(运动) 加以说明。空气稀薄则变为火；空气浓厚则凝为风，风再凝而为云雾，再由云雾次第变为水、土、石。他又论宇宙的构造，以为大地最为先成，地上所蒸发的气体一经稀薄乃成为火，由火的回转而生天体。他也主张万物的循环。以上三位学问家，在哲学史上归入于米利都学派(Milesian School)，这乃系西洋哲学史上最初的学派，而这派的学者的学说，是都带有唯物论的色彩的。

古代希腊的唯物论的见解发展到德谟克利脱斯(Democritus，460—360 B. C.) 的原子论(Atomism) 而臻极项。他以为一切的生灭变化不外为原子的机械的进行。原子本身能营本具的运动，原子自己会冲突，会挤压，会集合，会分离。我们所经验的个物的生灭变化不过是原子的这一种机械的进行。他又主张一切的生灭都系必然而非偶然。在于世界，只有 What 与 How 的问题，所谓 Why 的问题完全是无意义的。

德氏以为原子在形状与大小上互有差别。原子的数为无限。这无数的原子都具有本具的运动，而其运动却无一定的方向，所以这些原子是在上下左右到处飞行着。因此，原子与原子势不得不发生冲突。根据冲突，又发生旋涡运动，这旋涡运动愈扩愈大，于是个物就因以产生。个物的性质随原子的大小，形状，相互的位置及秩序等而定。形状，重量，密度及硬度为个物本身的实在的性质，其他如色，味，温等性质绝不属于个物本身，却不过是我们在事物上所知觉到的主观的状态罢了。

德氏不仅是原子论者，并且是一个唯物论者，因为他对心的现象也以原子来加以说明。在他，灵魂乃由圆滑的最微细的最易动的那种火原子构成。心的现象实不过为一种火原子的运动，就知觉讲，知觉的产生由于外来的影响，而所谓外来的影响不外为外物的机械的接触，我们之所以能够知觉外物实由于外物的微小部分来向我们的感官接触的缘故。外物的运动因此引起那种与之适应的火原子的运动。这种火原子的运动就是普通所谓感觉了。这种火原子的运动状态(感觉)一面为外来影响的来源所限制，一面又为火原子的独立的反应运动所限制，所以感觉只不过是一时的主观的状态，绝不能够把事物的真相加以把握。他说："对于人类，固有所谓甘苦，寒暖和色彩，但真实讲，却只有原子和空虚而已。"因此，感官的知识乃系"暖昧的知"。"真正的知"，只有思维方才加以把握。

在他，思维也与感觉一样不过是一种火原子的运动。思维虽不发生于感官上面，但其为外来的影响所引起的一种火原子的运动，则与感觉无异。那末，为什么感觉只不过是主观的状态而思维却能把捉事物的真相呢？照德氏的见解，思维乃系火原子最微细的运动，所以唤起这种运动的也非为原子的运动中最微细的运动不可。因为如此，事物的最微细的结构也就最明显地映入于思维了。所以思维是能够把现实界的最微妙的结构(就是原子的结构)加以把捉的。这一种结构之所以不能为感觉所把捉者乃由于感觉系适应事物的原子的粗笨的运动而产生的一种粗笨的火原子运动的缘故。

最后，再就德氏的伦理说加以略述。照他的见解，所谓感情，所谓欲望，都不过是火原子的运动。这种运动有粗细的区别。因此，他以为幸福也有真假的区别。肉体的快乐为火原子的粗笨的运动，所以这一种快乐系一时的，假的。真的幸福在于火原子的微细的运动，换句话说，就在于心的平静。这一种火原子的静稳调和的运动状态，我们只能从万事的节制和心情激动的避免方才可以获得，而万事的节制和心情激动的避免又非用真知无从达到，所以知识可以说是真的幸福的唯一的源泉了。

德氏的原子论后为爱匹鸠鲁斯(Epicurus，341—270 B. C.)所承继。爱氏以快乐为人生唯一的目的。他以为正确的思想足以除去妄想以增进幸福，而古来要以德谟克利脱斯的学说为最正确。在他，真实存在的东西不外为空虚中运动的原子。原子自上下降本作垂直之形，但亦有稍偏左右而斜行者。于是原子之间遂生冲突，因冲突遂生种种运动，因运动产生种种现象，而万物之生灭变化于以成立。人类的灵魂亦成自原子。人死之时，灵魂的原子飞散空际，不能复聚，所以肉体一死，灵魂也就随之消灭。死后因果报应之说皆无稽之谈，是毫无可信的价值的。

(二)近代英国的唯物论

近代哲学里面的唯物论发端于英国，而荷蒲斯(Hobbes，1588—1679)实为其始祖。荷氏注重数理等学问，而其伦理政治诸说最为著名。他的哲学上的根本思想为唯物论。照他的见解，一切存在都为物体，一切现象都不外为物体的运动。所谓精神(心)的现象结局也不过是物体的运动。而这种物体的运动的生灭都依据着必然的因果关系，所以这些运动都是机械的。所谓哲学就是论述这种物体的运动的学问。详言之，哲学依据物体的运动来说明现象的原因，又依据这种原因来说明这种现象之所以产生，就是，先由结果以推求原因，然后再由原因以说明结果，而所谓原因与结果都不外为物体的运动。再就他的心理的见解言，他以为外物对于我们的感官给予印象(Impression)，而这种印象传入心脏，遂生知觉。色、声、香、味、触等感觉非外物所本具，乃系主观及于生理的方面。他以为脑神经的微分子具有振动的作用。其单纯的振动可以结合成复杂的振动，正和精神方面单纯观念可以结合成为复杂观念一样。精神方面单纯观念作用之际，生理方面即有单纯的振动与之相应，及单纯观念结合而成复杂观念，生理方面又有复杂的振动与之相应。但赫氏所论，只言生理心理两方互相应和而已。到了匹里斯迭累(Priestley，1733—1804)出，乃更进一层而主张唯物论。他以为物质乃系一切作用的基础，心理作用必依生理作用而始成，非仅相应罢了。匹氏自名其说为唯物论，而他所谓物质，乃是指相引相斥的势力而言的。

(三)十八世纪法国的唯物论

在十八世纪的法国，唯物论盛极一时。法国自笛卡尔以来，哲学思想甚为发达。英国学问家如荷蒲斯，洛克等大多曾留学法国以求深造。及十七世纪的末叶，英国哲学有长足的进步；到了十八世纪，其哲学思想转而输入法国以唤起法国的新思潮。法国学问家孟德斯鸠(Montesquieu，1689—1755)与福尔特伊(Voltaire，1694—1778)二氏为当时输入英国思想者的代表。二氏都鼓吹洛克、休姆的学说，一洗法国思想界从来的旧习。当时的思潮，历史上名之曰启蒙运动(Enlightenment)。洛克的经验哲学到了法国以后成为感觉论(Sensatioualism)。这种感觉论更与生物学和生理学上的观察互相结合遂造成了唯物论。当时法国唯物论的哲学家以拉马脱利(Lamettrie，1709—1751)为巨擘。他著有《人间机械论》(“L' Homme Machine”)一书，以明示唯物论的主张。照他的见解，一切心理作用都为物质上的变化。思想存在于脑中，各在脑中占有一定的位置。既占有位置，所以思想可有延长，所以思想也系物质。据生理的研究，心理作用必赖身体方得存在，离去身体，便无精神。精神与身体既有这样密切的关系，所以身体如死，精神自亦消灭。从前笛卡尔以下等动物为机械，其实不仅下等动物如是，就是号称万物之灵的人类也不过是一种物质的机械。人类与其他动物之间，只有程度上的差别，绝无性质上的差别。启蒙的哲学者罗炳耐(Robinet，1735—1820)也以为宇宙间的万物构成若干连续的阶级。各阶级都具有心物二种要素，不过二要素混合的比例各有不同罢了。而二要素之中，物质实为基础，精神出自物质，亦终归于物质。医学家与哲学家加排尼(Cabanis，1757—1808)研究生理作用与心理作用的关系，最后乃发现精神生活是必定受身体及其生理关系的规定的。他说：脑髓的分泌思想，正和肝脏的分泌胆汁一样。这是自来唯物论上的名言，同时亦为唯心论者所竭力攻击的一个目标。

法国唯物论大盛的结果，学问家纂辑一书以阐明唯物论的主旨。《自然的系统》(*System of Nature*)一书实为当时唯物论的圣典。书中未署著者的真名，或谓出自荷尔巴哈(Holbach，1732—1789)的手笔，而第台罗(Diderot，1713—1784)，克利姆(Grimm，1723—1807)等实助成之。这书的主旨在排斥一切超自然的思想而以物质的理论代替之。照这书的主张，宇宙之间唯有物质。物质具有延长，同时也具有运动的能力。世间万事莫不可以由物质加以说明。所谓精神作用也不外为这种物质运动的结果，因为感觉为脑髓分子的运动，而一切精神作用又以感觉为基本的缘故。运动力普遍存在于物理人事二世，在物为惰性，在人为自卫性，在物为引力与拒力，在人为亲爱与憎恶。世人不察，误精神物质为二事，于是有二元论的主张。而宗教家的那种世界由神造成的谬见也由二元论而起。考神的观念的起因，乃系人类苦于大地上面的意外的灾祸，无法探知其原因，因而假设一不可思议的力当作灾祸的渊源而谄媚之以求苟免。畏敬之极，信仰益坚，但是人类在其他方面把“非物质的”，“无限制的”等性质赋之于神，适足以证明神的观念之毫无价值。所以世界除物质外，其实更无别的存在。

(四)十九世纪德国的唯物论

十九世纪中叶德国的唯物思想一时大盛。溯其兴起的原因计有二端：一为反抗赫智尔等思辨哲学的跋扈，一为心身关系上的新观察和新实验的影响。一八五四年哥丁根(Goettingen)地方开自然科学大会，学者多所辩论，其结果遂有论评论定的发刊。如福克迭(Vogt，1817—1881)的《迷信与科学》(*Koehlerglaube und Wissenschaft*)，谟雷旭(Moleschott，1822—1893)的《生命循环论》(*Der Kreislauf des Lebens*)皮西那(Buechner，1824—1899)的《势力与物质》(*Kraft und Stoff*)，都系唯物论上的名著。

十九世纪的德国的唯物论较诸十八世纪的法国的唯物论是更进一步的。十八世纪法国的唯物论是偏于自然哲学方面，而十九世纪的德国的唯物论除对自然哲学外，对于知识哲学(认识论)亦已顾及。

福克迭断言思想的界限与经验的界限相应，我们不能逾越经验范围而有所思索。他并以为脑髓乃精神作用的机关，精神与脑髓的关系正和胆汁之于肝脏，小便之于肾脏一样，而其理之明确犹如二加二等于四。对于脑髓的细胞何以能生精神作用一节，福克迭虽未能说明，然他坚信二者之间具有密切的关系，他更进而研究精神作用与脑髓的重量及皮质的曲折间的关系。

谟雷旭说，宇宙万物各赖其属性以存在，所以物本身(Thing-in-itself)与观念的物(Thing-for-us)初无差别。在物性刺激我们的感官时，如我们能够一一知道，则我们所得者就为物本身的真相，而我们对于物的知识也就不能说是不完全了。他并以为思想乃系脑质的运动，而当其作用时，必须经过若干的时间，这是诉诸心理实验实无容疑的余地的。

皮西那的思想颇为杂乱，他的思想前后难免有矛盾之处。他说，势力与物质，犹精神与身体，为同一实在的两面，而这实在究为何物，我们不得而知。这样，皮西那主张精神与身体为构成同一实在的要素，这可以说是带了一种具体一元论的色彩。可是他又说，物质的存在先于精神，精神的产生必须预想有机组织的存在。精神为脑髓全体作用的综合的表现，正和呼吸为呼吸机关全体作用的综合的表现一样。神经细胞何以能生感觉与意识，其理虽还不能明白，但我们只要知道脑髓具有这种作用，也就充分。他更进而考究各种精神作用在于脑中的位置，遂把理性，想像，记忆，空间知觉等一一分配于脑质的神经细胞，并谓成人的意识中，观念的数目在十万以下，这样，他又是唯物论者了。

此外，如克查尔倍(Czolbe，1819—1873)又以为感觉作用与物质作用乃系同类的运动。外界的刺激藉感官传入脑髓，其间并无性质上的变化。脑髓之为意识的总机关是因为脑髓乃系这种循环运动的后台的缘故。

由排魏希(Ueberweg，1826—1871)的唯物论，与众生活会异，因为他专用演绎推理以建设他的唯物论的缘故。据他的见解，我们的观念就是现象界的物体，物体有延长，所以观念也有延长。观念起伏于精神之中，所以精神也一定有延长。有延长的都为物质，所以精神也系物质。

唯物论的大概已如上述，至于批评，详见本编第四章结论，此地从略。

第二节　唯心论(Spirtualism or Idealism)

把非物质的精神(心灵)看做是宇宙最后的本质的那种见解，叫做唯心论。唯心论与唯物论二者为自来哲学里面的两大思潮。过去的唯物论，既如上述。现在再把唯心论发展的历史加以约略的叙述。

(一)古代希腊柏拉图的唯心论

柏拉图(Plato)为苏格拉底的门人，苏格拉底以为欲求道德的实现必须先有正确的知识。由感观得到的知识是模糊杂乱绝不可靠的。正确的知识乃系概念的知识。我们在探求种种概念的知识上应该使用归纳研究法，苏氏的根本主张就在于探求这种概念的知识，进而更谋道德的确立。

在苏氏以前，希腊诡辩学徒最占势力。这一派的学问家根本不承认普遍不易的知识的存在。这种怀疑的论调深为苏氏所不满，乃力创树德必先树知之说与之对抗。前者的态度是破坏的，后者的态度是建设的。

柏拉图本其师说，以为我们如求获得一种真正的知识不可不依据某一种感官以上的作用。为什么呢？因为我们五官所感到的，只是流转变化，没有一定的东西，所以只由五官我们绝不能够把捉事物的永久不易的理法的缘故。因此，我们所用以把握这一种不易的理法的那种作用不得不为某一种感官以上的作用——就是理知，而对于这个理知的对象，柏氏名之曰理念(Idee，Idea)。柏氏所谓理念与苏格拉底所谓概念(Begriff，Concept)略有不同，乃系对于苏格拉底的概念更赋以形而上学的存在而成。柏氏关于这种理念的议论就是柏氏哲学里面最属重要的理念论。而我们用以把握这一种理念的那种方法就是柏氏所谓辩证法(包含归纳法及演绎法)了。

照他的见解，世界有二：一为常住不变的本体界，一为流转变化的现象界。现象界里面的万物实为本体界中各种理念的投影。例如本体界中必先有桃的理念，然后现象界中始有桃；本体界中必先有人的概念，然后现象界中始有人。理念是原型，现象界里面的事物却不过是理念的模仿而已。理念乃是感觉以上的东西，常住不变的东西，不具形体的东西，对于各个事物加以统一的东西。

这样，柏氏所谓对于个物加以统一的理念并不限于一个，却随事物种类的不同可以有种种不同的理念。而各种不同的理念之间的关系就是造成论理上各种概念之间的关系的基础。因为这各种不同的理念之间有同级或上下的关系，所以在论理上的各种概念之间也有同级或上下的关系的发生。同级的理念各自独立，而上下的理念则互相隶属。这就是理念的组织或系统。而具有这一种组织或系统的理念界就是本体界或实在界。

柏氏在最初好象以为我们能下一普通定义的地方都有理念的存在。例如他以为粪土的理念，丑恶的理念等就是。等到后来，他却以为只有具有价值的东西方才具有理念。这样，他在最初论理念的时候可以说是根据着论理的见地，但到后来，他却更进一步，舍弃论理上的见地而另取一种价值上的见地。这样，柏氏的理念论乃成为一种理想论。他以为宇宙间实有的东西只有理想，而美善的理想就是理念。在这时候，他不再承认丑恶等没有价值的东西之理念的存在了。

柏氏所谓理念，一方面是现象的原因，一方面也是现象的目的。原因与目的乃合在一起的。照他的说法，个物所以发生的原因在于理念，而善美的理想乃是万物的极致，也就是万物的目的。现象界的万物之所以变化生灭正是为想达到善美的理想(也是理念)的缘故。理念本身固然具有常住不变的性质，然而因为理念乃是美善的目的，所以它的形象常常显现到个物界中来。而当理念显现于个物里面时，理念只把它的影子投入，绝不能把它的圆满的真相投入，所以个物常漂泊于变化流转之中。

这样，所谓真实存在的东西不外是善，从这一点柏氏乃在理念的系统的顶点就树立了一个“善”的理念。他对于这个最高的“善”的理念名之曰神明，而又比之于光照万物的太阳。柏氏的这一种主张大体是渊源于苏格拉底的学说的。苏格拉底观察事物的时候专取道德论的见地，所以他的着眼点当然注重事物的职份。柏氏把这一种见解扩充到一切的事物，以为一切事物的所以存在都是各有宜于存在的所在，而各有这一种善的所在却是为着有一最高的全体的善加以统括着的缘故。就是说：个物的目的乃是为全体的目的所规定。因为这个缘故，全体的究极的原因不得不说是善。这样，柏氏把苏格拉底所有用于人事方面的主张扩张到宇宙全体。于是苏格拉底的伦理学的目的论，在柏氏，乃成为形而上学的目的论，而苏格拉底所求的善，在柏氏，乃成为实在界的究极了。

理念为什么在个物里面只能投入影响？换句话讲，个物所以存在的理由究是怎样？柏氏为说明这一层起见更树立了一个“非有”。所谓“非有”大约是指空间而言，是指理念的反对而言。照他的说法，个物只能留住理念的影子者乃是为着非有的妨碍的缘故。换句话讲，个物乃由理念——与非有二者结合而成的。

又柏氏所谓理念并不是由分析抽象而得来的结果，却是由我们直观事物的本质而方才成立的。生灭界里面的各个事物不过是理念的影子，所以也只能够做使我们内心想起理念本身的一个诱因。换句话讲，生灭界的各个事物绝不是使我们内心知道理念的充分的原因，却不过是一种心理的刺激而已。因此柏氏以为我们所以知道理念的真因，并不在于事物，却是别有所在。照他的见解，我们的心性是本来具有理念的知识的，不过这种知识现在却被我们所忘却，只潜在于我们的心底罢了。我们所以要以事物为知识的诱因者，乃以事物足以使我们回想到这一种潜在的本具的理想的知识的缘故。所以我们的真正的知识并不是我们所新获得的东西，却不过是把我们内心本来具有的东西加以回想而成立的。苏格拉底于教授学生的时候曾经声明，说他不能把新的知识注入于别人的内心，却只能帮助别人使之产生知识。这就是苏格拉底所谓产婆术。这一种产婆术，到了柏氏，更成了一种深奥玄秘的思想了，据柏氏的见地，我们的本性绝不是不曾知道理念，不过是现在暂行忘却而已，所以在我们的心性里面常常存在着一种追慕理念的倾向。我们心性里面所以有爱慕善美之心者，就为着这个缘故。这就是柏氏的有名的爱慕论。我们所具有的这一种爱慕理念之心，在低级状态时，虽不过是那种爱慕形体美之心（就是通常所谓恋爱），但是一到最高的阶级时，这一种爱慕心就成为那种爱慕真善美本身的哲学研究心。哲学之所以发生实在因为我们有这一种爱慕心的缘故。

总之，柏氏的哲学把感官以上的实有界与感觉界分而为二，而他所谓理念是非物质的，同时又是宇宙的最后的本质，所以这是纯粹的唯心论。

（二）白克累的唯心论

白克累（Berkeley）在一七一〇年出版的《人类知识的原理》（*Principles of Human Knowledge*）里面说：

"我们知识的对象不外为感官所实际知觉到的观念（Idea），或为从观察感情及心的作用所得到的观念或为藉记忆及想像的助力所构成的观念。这对于考察知识的对象的人们是很明白的一件事。依据视觉，我们构成关于光与色以及二者的种种的阶段和变化的观念。依据触觉，我们知觉到硬、软、冷、热、运动及抵抗。……嗅觉给与我们各种香臭，味觉给与我们各种味道，听觉给与我们各种音响。种种观念同时一同为我们所观察的结果。对于这种种观念，我们乃用一个名目加以表现，我们乃想以为这是一物。例如我们把某种一定的色、味、香、形态，密度等结合起来，看做一物，名之曰苹果。观念的他种集合体就成为石树，书籍以及其他一切感觉上的物。"

这是白克累的那篇文字第一节的内容。他把硬、软、冷、热、色、味、香等当做他的知识哲学的基础。在他，所谓物不外是观念的结合。

白克累在观念（就是知识的对象）之外，又以为有知识的主体——心、精神、灵魂或自我——的存在。如有观念，必先有知觉这个观念的主体，而所谓观念绝不存在于这个知觉观念的主体（心）之外。为什么呢？照他讲，只要一考察存在二字的意义，我们就可了然。在我说写字台是存在的时候，这就是说我见到和碰到这个写字台。即我出了书房，我固然还是说这个写字台是存在的——但这是在“我如走进书房我一定可以看到和碰到这个写字台”的这一种意义上。这样，他对唯物论者就开始论辩了。在他，所谓“存在就是被知”。（“Esse est percipi”——这是白克累的格言）。他说：“奇怪得很！把屋、山、河等感觉的物看做与知觉无关的，具有自然的或实在的存在的那种见解流行得很广。”这种见解显然是矛盾的。“为什么呢？上述的对象，除了是我们感官所知觉到的物以外，还有什么呢？而我们如把我们的观念或感觉除去，究竟还能知觉到些什么？那末，如有人以为观念，感觉或感觉的结合，虽不被我们所知觉，而仍然能够存在，这难道不是呆话么？”这样，感觉的结合是不必要求其来源的。他又说：“诸君也许说，观念或是外物的摹写或类似，也未可知。那末，我可以回答，观念绝不与观念以外的任何物互相类似的。色和形是与其他色和形以外的任何物不能互相类似的。……我并得反问诸位，诸位说我们的观念写某种假定的外物的摹写或表象，那末，这种外物究竟能不能写我们所知觉？如能，这也是观念。……如不能，那末，试问色彩与眼所不能见到的东西互相类似，硬软与手所不能碰到的东西互相类似，这些话究竟有无意义？”所以在他，物质或有形的实体绝不存在。这差不多是一个不必讨论的很明白的事情。他以为物质乃系不存的实体（Non-entity）。他嘲笑唯物论者说：“诸君！假定诸君以为这是对的话，那末，别人用‘无’的时候，诸君可以在同一意义上用‘物’这个字。”

话虽如此，但是白克累对于“自然”，终究是不能忘怀的。他以为外面的世界（自然）乃系神的心中的观念，同时又是神在我们内心所唤起的“感觉的结合”。这样，他保留了自然科学的可能性与确实性，而在其他方面，他又增大了宗教的重要性。白克累是一个教会的监督，他研究哲学的动机无非想从唯物论救出宗教，所以他的这些议论，实在也无足怪。

这样，白克累否定了物质世界的存在。他以为只有意识以及由意识所体验到的感觉才是实在的。没有主观，就没有客观。整个的世界存在于人们的意识之内。他就这样把精神与物质的问题简单地加以解决。换句话说，他以为只有精神，主观或意识是存在的。所谓物质，却是丝毫也不存在。而他所谓精神，包含神与心。他称神为无限的精神，称心为有限的精神。宇宙间真实存在的只有这神与心。

（三）菲斯的的唯心论

菲斯的（Fichte）目击当时德国政治的腐败，外患的紧逼，国势飘摇，危如累卵，于是刊行《告德国国民》（*Reden andie deutoshe Nation*），对于德国的民族运动有巨大的贡献。在哲学方面，他所著《知识学》（*Wissenschoftslehre*）一书最为著名。

菲斯的的哲学思想渊源于康德。康德哲学包含有三大缺点：第一，直观形式（时，空）与悟性形式（十二范畴）没有统一的根源；第二，知识形式（直观，悟性）与知识材料（物本身）也没有统一的根源；第三，知的理性（纯粹理性）与行的理性（实践理性）也没有统一的根源。

这样，康德的哲学思想，虽称精密宏伟，但其间含有不少矛盾与不统一之点。菲斯的就是想把康德的矛盾之点加以除去，把康德的不统一之点加以统一。换句话说，他就是想从一个根本原理来阐发他的全体的哲学思想。

照康德所说，所谓外界实出于我们心性的创造，尤其是照康德的认识论的唯心的方面讲，不仅感觉是主观的，就是触发感觉的物本身的存在也是与我们心性具有密切的关联的。菲斯的就以为这种见解是正当的，并且他对之作更进一步的发挥。又康德所谓心性不是个人的，却是做个人意识的基本的那种普遍的意识。菲斯的似乎就把这一点作为他的哲学的根本思想。他以为宇宙万物的究极的根源就是做个人心性的普遍的根基的那种根本作用。他把这究极的根源名之曰绝对我（Das absolute Ich）或纯粹我（Das Reine Ich）。

绝对我绝非静的实在，乃系一种无限的活动，而把这种活动加以认识的就是理知的直观。我们的知识是不必待物本身的。绝对我的活动，第一就在“思维自己”。“思维自己”实为绝对我的最根本的行为（活动），而当行“思维自己”这种行为时则最先自须肯定自己的存在。

于是活动的绝对我就树立了实在的我。绝对我为实现自己的活动起见又对自己的设立对象，借以开始特殊的有限的活动。非我（Nicht-ich客观世界或外界）于是产生。绝对我既系活动，而因活动就无意识地产生了外界。康德所谓物本身，在菲斯的竟成为绝对我的产物。这样，我与非我皆存在于绝对我之中，而互相限制。所以“我”在“我”之中就树立了分割的“非我”（Das Teilbare Nicht-Ich）与分割的“自我”（Das Teilbare Ich）的对立。由此观之，菲斯的所谓绝对我，乃系纯粹活动之不具实体者；当未活动之先，固无“我”的存在，我之实在乃活动的结果，非我也是一样。

分割的我为分割的非我所限制时，我的活动系理知的。所以这时候的我为理知的自我。换言之，知识的活动是在主观与客观相对时方才开始。康德所谓时，空，十二范畴等，都系这理知的自我的发达的阶段。理知的自我发展到了顶点，于是自我对于自己遂有完全充分的意识，就是遂对从前觉得为其所限制的那种非我也出于我一节，恍然大悟，于是理知的自我就一转而成为实践的自我。实践的自我是想把非我随自我的意志加以形成的那种自我。换言之，就想把依据自我的理想对世界加以改进，把世界加以自我化，理想化。所谓道德就存在于此。康德所谓知的理性与行的理性在菲斯的不过是同一绝对我的发展上的阶段而已。

（四）叔本华的唯心论

叔本华（Schopenhauer，1788—1860）的哲学也从康德出发。他以为我们的知识乃依据时间、空间及因果律三者而构成的。这样，他把康德的形式加以简单化。在他，这三种形式乃系我们心性所本具的形式，所以是主观的。因此，进入这三种形式的那个世界都不外我们的表象或观念（Vertellung，Idea）。这一种做表象的主体的主观（我）不过是对客观而言。但是此外我们尚有另一主观（我），这是依据内观的知识而得的。根据内观的知识，我们可以知道我乃是意欲或意志（Wile，Will）。而更进一步，从我为意欲这一点，我们又可推知宇宙万物的根底也都系意欲。鸟飞，鱼跃，花落，水流，风吹，云飞，无一不是意欲的发现。上自星球的运行，下至物体的转动，都不外是意欲发现的姿态。这样，世界，与“我”同样，也是意欲。

意欲是盲目的，是贪求无厌的。意欲为实现自己而活动，而这一种活动无时不在进行，这就是所以形成自无机物至有机物，自下等有机体至最高等的有机体(人类)间的阶段的原因了。意欲之所以为意欲，在于盲目的追求。贪得无厌，乃是意欲的本性，而这种本性在最高的人类里面显现得最为明白。意欲愈盛则所求愈大，所求愈大则不满愈增，而不满愈增则追求愈急。这是一切烦恼的由来。而这种烦恼乃系一切苦痛的根源。尤其在于人类，人类不但营各种无意识的追求，并用知慧(意欲的婢仆)来营各种意识的追求，所以人类的不满最多，而苦痛亦最多。所以人世荆棘，无论何地都系最无聊最艰苦的境域。叔本华的哲学所以称为Pessimism(悲观论或厌世主义)者在此。这样，因为吾人具有智慧，反而不满愈大，苦痛愈大。但是到了苦痛不堪忍受时，我们遂生厌世之念，我们遂觉悟到无论怎样烦恼，无论怎样追求，终究是不能得到满足的，遂以为此世为可憎可恶的世界，遂想到不另求解脱之途是无从解除苦痛的。于是从来做意欲的婢仆的那种智慧遂反成为使我们找求解脱方法的原因。那末，解脱方法是怎样呢？第一种解脱的方法是美的观照。在美的观照之中，我们暂时得以渗入忘我之境，把一切烦恼加以抛却。这是一种解脱。更进而言之，第二种的解脱方法是道德的实践。当我们抛掉利己心，专注于他人的苦痛而思所以拯救之，就是用慈悲的眼视一切众生时，在这种道德的生活上，我们可得更高等的解脱。再进而言之，第三种的解脱方法是寂灭。我们倘能把人世欢乐视同虚幻，把一切名利之念加以打破，把一切意欲加以根绝，则我们的心宛如枯木死灰，于是我们遂得进入最高的解脱了。这一种意欲绝灭的状态，叔本华名之曰“涅槃”。叔本华，这样，是以寂灭为我们最高的理想的。其说与佛经有关，自不待言。

总之，叔本华把盲目的意欲看做是宇宙万物的根源，这也是一种唯心论，而这种学说的构成凭诸个人的想像，不具强人必从的普遍性，也是无须说明的。

(五)对于唯心论的批评

我们在前面已把重要的唯心论介绍二三。总之，唯心论是把心(精神)看做宇宙万物最后的本质的。柏拉图所谓理念，白克累所谓精神，菲斯的所谓自我，叔本华所谓意欲，此外如道、天、理、梵、识、宇宙精神、绝对的精神等，都不外是心的别名。构造心理学上把精神作用分为知，情，意三面。这不过是为着说明上便利起见，其实毋宁分为客观的侧面与主观的侧面为妥当。前者是指感受外界的刺激的那种知的作用，后者是指对付外界的刺激的情意作用。因此，心理学的见解随其注重点的不同也有主知说(Intellectualism)与主意说(Voluntarism)之别。而哲学上的唯心论，与之相当，因亦有合理的唯心论(Rationalistie Idealism)与非合理的唯心论(Irrationalistic Idealism)之分。柏拉图的唯心论是前者的代表，叔本华的唯心论是后者的代表。这样，直到现在，唯心论可以说在哲学上占有极大的势力，差不多有压倒唯物论之势。但在他方，唯心论所含缺点甚多。兹择其重要者列举如下：

(Ⅰ)所谓心的概念，意义甚属模糊不明，令人无从捉摸。观自来的唯心论者各异其说可知。

(Ⅱ)唯心论的创设，全凭人的想像，没有确实可靠的根据。康德斥形而上学为“概念时”，我们也可把它用之于唯心论上，因为唯心论是占着自来形而上学的大部分的。

(Ⅲ)心的现象是伴随复杂的物的现象而产生的，所以绝不是最基本的现象。心离开了身，是无从存在的。例如没有感官，就无所谓感觉；没有脑髓，就无所谓思维。依据事实，我们毋宁应说由物生心，绝不应说由心产物。我们酒醉则昏迷，即其明证。

(Ⅳ)唯心论的大目的在于否定物质的存在，而把一切实在都归诸心。但是否定物质，绝非易事。自然界的事物一一在于我们目前排列着。我们自己不过是自然现象的极小的部分。先有地球，后有人类；先有人类，后有我们自己。对这一点，恐怕谁也不便反对。那种把外界的一切看做都从自己产生的唯我论是可笑的诡辩。更进一步，如菲斯的之视“非我”为“我”所树立，叔本华视自然界为意志表现的形态，也是不甚合理的。

(Ⅴ)精神乃系作用，并非实体。这是日常经验昭示我们的事实。唯心论者往往把精神看做实体，实属忽视经验的事实。感觉实系感官的作用。思维，感情，意志实系脑神经的作用。换言之，精神不外是物质经过高度组织后所生的各种作用罢了。

第三节　具体一元论(Concrete Monism)

具体一元论，与抽象一元论(Abstract monism)相对，以为心物二者相合而成为那种构成世界的基本的实体，所以心物乃系同一实体的两面。抽象一元论则不然，以为心物乃系同一实体的表现的形式而非构成实体的要素。

具体一元论为哲学史上最古的世界观。当人智幼稚的时候，人们往往用这种见解解释宇宙。当时的人们以自己为万物的权术，用以推测一切。自己具有精神或生命，以此衡彼，遂以为万物也都具有精神或生命，于是一切自在界的事物，甚至于无机物，遂亦都成为具有精神或生命的东西了。听了雷声，以为神在发怒；得了甘霖，以为神在保佑；见了雄伟的高山，以为山有山灵；见了汪洋的大海，以为海有海神。大概宗教上一切迷妄怪诞之说，都以这种思想为根据的。

因为具体一元论是把一切物质都看做具有精神或生命的，所以在哲学上叫做物活论或万物有生论(Hylozoism or Animism)。西洋哲学的元祖希腊人太雷斯(Thales，640—546 B. C.)就是采取这种见解的。太雷斯把水看做是宇宙万物最后的原质。由现在的我们看来，水是物质的一种。以水为万物的原质的这一种见解一见似乎是唯物论，可是太雷斯所谓水，与现代人所谓水(H_2O)不同，乃是具有生命与活力的。水有动力，水能自动地变化，换句话说，由他看来，水是活的，正和我们自己一样。所以分析起来，他所谓水其实含有物心二种要素在内，就是水是从物心二种要素构成的。他看了水能从液体有时变为固体，有时变为气体，他看了水具有三态的变化，所以他以为这一种富于变化而且具有变化的动力的水乃是宇宙万物最后的原质了。

等到人类的思想逐渐进步，这种物活论当然是站不住了。因为无机物不能具有人类的精神，是一种明显的事实，而物质作用与精神作用不能视为同一，也为一般所公认的缘故。在近代哲学之中，与具体一元论的思想较为接近者，为德国心理学家凭特（Wundt，1832—1920）。凭特以为心为内界的统一，身为外界的统一，心与身构成一体，而为一体的两面。不过凭特又以为精神作用是较物质更为基本的实体，则他的议论已偏向唯心论方面去了。

对具体一元论，学问家多轻视之，以为这一种见解乃系二元论的变形。二元论把精神与物质看做两个独立的实体，而具体一元论不过把这二元很随便地很简单地加以综合为一元罢了。

第四节 抽象一元论（Abstract Monism）

抽象一元论的学问家的代表为斯匹诺莎（Spinoza，1632—1677）。斯氏的出发点与笛卡尔一样为自我认识。但与笛卡尔不同者，其所谓自我，偏于伦理宗教方面。他以为普通人们所谓善，谁能保证其不遗害后人？然则真善是什么？我们的心从变幻无常的东西转向无限永恒的东西的时候方能得到真正的满足，所以对神的爱为真正的唯一的善。斯匹诺莎的哲学这样转入宗教方面去了。而他以为对神的爱应该先从对神的认识做起。

在他，实体（Substantia）——神——为包括万物的无限的存在，所以我们一定要在认识了神以后方得认识外物的真相。斯匹诺莎乃从神的观念演绎一切关于事物的认识。

他在哲学上采用几何学的方法，先揭定义，次举公理，然后以进于定理，最后终结于证明。斯匹诺莎对于世界，人类的态度，正和数学家对于线、面、体的态度相同。数学的真理是永久不易的，斯匹诺莎所举的事物的秩序也是永久不易的。这些秩序为原因结果的必然的关系。事物及现象为神的本质的必然的结果，正和从三角形的本质，内角之和一定为二直角一样。所以他是排斥目的观的。

他对于笛卡儿的三实体(神，心，物)中，以为只有神是真正唯一的实体。实体是绝对独立，无限，唯一，其自己即为自己的原因——自因(Causa Sui)。其定义曰：“自因指其本质含有存在者。换言之，自因就是指我们由它的配性上除当它存在外更无他种想法的东西。”所以神是必然存在的。所谓自由存在于本性上必然地存在于动作之中。自由绝不是任意随便。所以神是必然，同时又是自由。神为万物的第一原因。从三角形的本质产生“两内角之和等于二直角”，同样，从神的本质必然地永久地产生事物及法则。又三角形的性质不存在于三角形之外，同样，万物绝不离神而独立存在。神为万物的内在的原因(Causa immanens)，绝不是超越的原因(Cansa transiens)。有限的世界如为“所产的自然”(Natura naturata)。神实为“能产的自然”(Natura naturans)。这样，斯匹诺莎极力排斥人格的超越的神。(在笛卡尔，是“神及自然”(Deus et Natura)。他这种理论就是有名的独创的泛神论(Pantheism)。在他，是“神即自然”(Deus sive natura)。

我们认识实体由于神所表现的属性。神的属性为无限，而普通我们所知的神的属性只有思维与延长二种。一切属性都是自存，都是神内所包含的。神为实体，个物不过为变化的状态(Modus)。思维的状态为精神。延长的状态为物体。神如空间，个物如图形。图形的存在为偶然，所以个物的存在亦为偶然。所谓偶然绝不是指无原因，凡是其产生依据于其他有限物而不依据于自己的本质者都为偶然的存在。

斯匹诺莎，这样，排斥目的观，排斥意志的自由，以为自然现象也好，心理现象也好，一切都是机械的。普通所谓自由，是无意义的。有限物为神的状态，所以同时即为思维、延长的状态。一切个物包含物心二方面，因其同为神所表现的状态或形式的缘故。人类注重于自我保存，对于自我保存有益的努力为德，否则为恶。

这样，照斯匹诺莎讲，世界唯一的实体是神，思维与延长二者非为实体，乃系实体的属性。我们对于神的属性所知道的只有此二种，而这两种属性表现出来，就成为各种事象。他对这各种事象名之曰实体的状态(Modus)。所谓实体的状态，换句话说，也就是实体的差别相。在心的属性(思维)方面，实体的差别相系出没无常的种种念头；

在物的属性(延长)方面，实体的差别相系生灭无常的各种个物。实体与它的差别相具有相即不离的关系。斯匹诺莎以为实体与差别相的关系正和线与点的关系一样。个别的各点之累积的集合不能谓之为线。线之所以为线，不在个别的各点的累积，而在于整个的一体。可是在于他面，线绝不是与个别的各点互相分离的。个别的事物与实体的关系正复如是。个个的事物的累积固不能就算做实体，但二者却是相即不离的。德国哲学史家爱尔特曼(Erdmann，1805—1892)解释斯匹诺莎所主张的实体与个别的事物的关系说："神(实体)之于个个的事物(状态)犹如水之于波。个个的事物，正和水上的波一样，在心的方面与物的方面，显现种种离多的差别相，出没变化，无时或止。"(与大乘起信论中所用的譬喻相同)。总之从永久常住方面看，一切的一切不外是唯一无限的圆满的实体，就是 Matura naturans，而从有限差别方面看，一切的一切又无一是常住不易的。宇宙万象都不过是在常住的实体中出没变化的那种波浪而已。这些就是 Natura naturata。

这样，斯匹诺莎认为神为宇宙的唯一的实体，思维与延长系实体的属性，而森罗万象乃系实体在这心的和物的二种属性方面所显现的状态。这种见解实足以代表抽象一元论的。

斯匹诺莎而外，如谢林(Scheling，1775—1854)以"绝对"(Das Absolute)为宇宙的实体。客观的自然界及主观的精神界皆从"绝对"的艺术的创造力产出，所以自然界与精神界既不矛盾，也非无关。唯自然界低于精神界，精神界高于自然界而已。由此而推自然界绝非机械的死物。在自然界的本质里面必也包藏着灵妙的宇宙精神。故自然界与精神界在分量上虽有差别，但在性质上却是平等无差别的。他的哲学叫做同一哲学(Identitaets philosophie)。又如赫智尔(Hegel，1770—1831)则以"绝对的理想"(Absolute Idee)为宇宙的本体。绝对的理想显现于外则成自然界，及其返而自行意识也，则为精神界。宇宙万物无一不是这种理想的表现。以上二氏固亦可谓为抽象一元论者，但二氏于精神物质二者之间偏重精神，所以总不免带有唯心论的气味。

第五节　二元论(Dualism)

一元论者以为宇宙万物最后的本质只有一种(或心或物或实体)，而二元论者却以为宇宙万物最后的本质有二种(心与物)。

(一)古代希腊的二元论

照通俗的见解，所谓灵魂与肉体二者截然不同。当我们活在世上的时候，则二者共同存在，相依为用。等到人死了，则灵魂脱离肉体而他去。在一般世人，灵魂的观念至为暧昧，没有明确的内容。所以这种见解可名之曰暧昧二元论(Vague Dualism)。这当然不能谓为一种哲学上的理论，但是希腊初期哲学里面，如爱姆匹陀克雷斯(Empedocles，490—430 B. C.)的四大(地，水，火，风)与爱憎，亚那克沙哥拉斯(Anaxagoras，500—428 B. C.)的物种与Nous(精神)，他们这一种具有二元主义色彩的思想去暧昧二元的思想实不甚远。因为他们所谓爱憎，所谓精神，实与物质尚无明显的区别。

希腊大哲柏拉图及亚里士多德(Aristotle，384—332 B. C.)的哲学也带有二元论的倾向。柏拉图以理念为实在，视个物为虚幻，固一纯粹唯心论者，但在他方，他以为理念(Idee)表现于个体上面时理念(实有)之外又有非有的存在。他对于非有未有详细的说明，不过指与理念(实有)相反的那种空虚变幻的东西而已。理念为万物的原型，没有定相的非有为万物的材料。宇宙万象皆由二者合成。所以一切个物都系实有与非有的结合。而理念当表现于个体时不能完全表现其真相，只能暂时表现其幻影者，亦正因受着非有的阻碍的缘故。这样，柏拉图也是可以归入于二元论者的。

至于亚里士多德的思想也含有二元论的色彩。他用形相(Form)与材料(或质料 Stuff)来说明宇宙万象的生灭。他以为一切事物都由二者结合而成。他所谓形相，与柏拉图所谓理念不同，不存在于材料之外，却存在于材料之中，形相是从材料本身里面实现出来，不是由外附加于材料之上的。譬如种子，各有可以实现的形相，形相从材料逐渐实现，这就是生长变化。这样，亚氏所谓形相与材料，不外是“将成”与“已成”或“未发”与“已发”的关系。在这一方面，他的思想可以说是一元的。可是在另一方面，他又主张形相为原动，材料为被动，形相为能造，材料为被造。例如造屋，计划图案（形相）为原动，砖木瓦石（材料）为被动。又如桃种为被动的材料，桃树为原动的形相，桃种之所以能变成桃树，乃基于桃种里面所含有的“桃树的形相”的推动。使无此种动力，则桃种之变为桃树就无从说明。他并以为形相的实现常受材料的阻碍。观此则亚氏的思想具有二元论的成分甚为明显了。

柏氏和亚氏的二元思想，传到中古，为经院哲学所采用。中古哲学逃不出柏氏和亚氏哲学的范围，所以中古哲学的全部差不多都可以说是二元论。

（二）近代的二元论

近代二元论的代表当推法国的笛卡尔（Descartes）。他以神为无限的实体，以精神与物质为有限的实体。神独立自存，一无凭藉，而精神与物质的存在赖于神。神既为精神、物质二者的基本，故笛氏之说在这一点也可以说是一元论。不过他在其他方面，以为精神与物质二者各自独立，不相依赖，精神自精神，无待于物质，物质自物质，也无待于精神，并且他以为精神以思维为特性，物质以延长为特性，而思维与延长截然两事。所以他的见解是二元的。

笛氏以为生活作用与精神作用不同。生活作用属于我们的物质作用，精神作用则属于我们的非物质作用，二者完全有别。下等动物仅有生活作用，所以不过是一种自动的机器。其见食而趋，被打而啼，都系纯粹的机械作用，并非出诸意识，正和时钟之被拨而鸣一样。至于人类的身体，亦不外为营机械作用的一种装置。人类和禽兽所以不同之故乃在于我们具有精神作用这一点。

精神作用与物体的运动绝对不同。人既兼具二者，则人的身体中不可不有二者相接的地方，因为当外物刺激身体时，我们既能觉知，而当吾心有所意欲时，我们又能发为行动，身心二者的作用每若相通的缘故。这二者相接的地方笛氏规定为脑中的松果线(位于脑的中间)。这松果线为精神作用与物质运动互相交通的地点。而照物理的原则讲，物质的运动是不增不灭的。所以物质的运动虽与精神相接触，因以唤起感觉，但物质运动的量绝不因是减少；同样，心有所欲，我们的精神虽因以唤起身体的动作，但物质的运动的量也并不因是增大。所以精神作用对于物质运动的影响只在于转移其运动的方向，对其运动的量是不能有所增减的。

笛氏对于心物所以相应之故没有完全的说明。所以他的后继者多向此方加以补充。所谓机缘说(偶因说 Occasionalism)就于此产生。创立机缘说者为葛昤克(Geulinx，1624—1669)和马尔蒲兰希(Malebranche，1638—1715)。

葛昤克以笛卡尔的思想为根据，以为外物刺激吾心缘是怎样能够发生感觉，非我们所能知道，同样，心有所欲，身体缘是怎样能够引起运动，这也非我们所能知道。所以心的作用不能谓为身体动作的原因，而身体的运动也不能视为吾心变化的原因。真正的原因不当求之于有限的精神与有限的物质却当求之于无限的神。心有所欲，发为身体的动作，此身体上动作的原因为神，意志不过为之机缘罢了。换句话说，心有所志，则身体为神所动。反之，身体上的运动，也不过是精神作用的机缘，就是吾身如有变化，则神就会在吾心中唤起思维。这样，心有所志，神即当用力以运动吾身，而吾身每受外物的刺激，则神即当用力以唤起吾心的感觉。神难道不怕麻烦么？这又不然。心物的作用实都不能唤起神的动作。当神创造心身时，实已造就心身相应的作用。譬如钟表匠所造的钟表，长短二针互相适应，既不是以一针运动他针，也不是钟表匠于一针动时常用自己的力以拨动他针的。

马尔蒲兰希的意见与葛昤克大略相同，以为一切原因皆在神意。所以物与心之间没有直接的因果关系，就是在物与物之间也是一样，是只有偶然的机会的因果关系的。

(三)心身的关系

笛卡尔学派以后，竭力主张二元论者，世不多观。不过精神与身体间相互的关系如何，却依旧为哲学上一大问题。近代哲学上对于这个问题的解释约有二种：即心身交用说(Theory of reciprocal effect)及心身并行说(Parallelism)。

据心身交用说，精神与身体虽截然异质，然当其作用时二者迭相为因，迭相为果，二者互相影响。无形无质的精神，或使脑髓及神经兴奋，或把脑髓及神经的作用加以抑压，因以左右身体上的生理作用；而身体上的诸变动，也藉神经的媒介，以左右我们的精神作用。这种见解的有力的根据，在于经验上的事实。因为心的影响可以及身，同时，身的影响也可以及心，这是彰明昭著的事实的缘故。

反对论一。精神与物质截然不同，精神以思维为特性，物质以延长为特性。性质绝异的事物岂能互为因果？

驳论一。因果关系未必一定以同质为前提。考因果法则的意义没有同质的限制。且反对论谓因果法则不能应用于异质作用之间，然后更根据此理以否定心物间的因果关系，其说为循环论。尽所谓异质本不过是指心物的异质而言的。

反对论二。物质界的因果关系，以物质作用始，以物质作用终。因果连绵有如珠串。物质界一切现象都可以这物质的因果的珠串加以说明。一面既无须精神作用作说明的媒介，另一面也不容精神作用中断其联络。

驳论二。物质界的因果关系，始终不出物质作用之外，这不过是一种学问上想像之谈，绝非真确不易的至理。纵使无机界中有这种事实，然断不能就移无机界的原理强有机界以必从。所以有机界的心身仍得以互为因果的。

反对论三。据能力(energy)常住律方，宇宙间物质的能力是不增不减的。假定物质作用可以为精神作用的原因，则宇宙间能力不会因此减小么？又假定物质作用可以为精神作用的结果，宇宙间的能力又不会因此增大么？

驳论三。这不然。能力常住律的适应范围非仅限于物质方面。物质上的能力与精神上的能力本非异物。物质方面的能力增大，则精神方面的能力减小；精神方面的能力增大，则物质方面的能力减小。由全体观之，初无增减。所以心身交用说与能力常住律并不背驰。

这样，反对论者所持的理由似欠充分，而心身交用说的成立是确有相当的根据的。

至于心身并行说，则与心身交用说相反，以为心身之间，绝不能自有互为因果的关系，而其所以不能的理由详见上述三种的反对论。那末，精神与身体之间实际上为什么会有密切的关系呢？照并行说讲，这是因为心身二者的作用互相并行的缘故。如心有所志则手动，但心不是手动的原因，不过心手二种作用相互并行而已。又如外物刺激身体而引起吾人的感觉，但物不是感觉的原因，也不过身体（神经）的变动与感觉互相并行罢了。精神作用与物质（身体）作用各于自己的系统内有始终连贯的因果关系，断不容异种作用夹杂其间。要之，心身之间是仅有并行的事实而无因果的关系的。

以上二说之中，要以心身交用说较为妥适，自不待言。

第六节　多元论（Pluralism）

多元论以为宇宙万物的最后的本质乃系多种的（二种以上）或多数的（二个以上）。如古代希腊的爱姆匹陀克雷斯的四大（地、水、火、风）及爱憎说，亚那克沙哥拉斯的物种与精神说，德谟克利脱斯的原子说，皆其适例。

（一）莱蒲尼兹的多元论

从培根到斯匹诺莎止，他们的理论，最少在机械观一点，是一致的。这实为近世自然科学的精神的根本观点，而与宗教的目的观完全背驰。而莱蒲尼兹（Leibnitz，1646—1716）的哲学一面固然尊重自然科学的精神，另一面却想把科学的机械观与宗教的目的观加以调和。莱氏与笛卡尔同样从“何谓实体”这个问题出发。笛卡尔以为实体是自存的，所以把这种实体加以彻底化时，遂产生了斯匹诺莎的泛神论，以为神就是自然，神乃是不具意志与知力的一种盲目的力。这就宗教讲，自免不了是一种邪说。如想避免这一种哲学与宗教的冲突确有改造实体的概念的必要。那末，实体究竟是什么？在于莱氏，所谓物的存在不外是物的活动，没有活动的物就是没有存在的。实体乃指能够活动的存在，而活动就是力，所以力乃是实在。莱氏达到这个结论的最大原因乃由于物理学的考察。物理学的基本现象为运动，但是运动单由（如笛卡尔及斯匹诺莎的样子）“物体的本质为延长”这一点，是不能被说明的。运动者只有力。力实为物体的本质。实体乃是自行活动的个体。莱氏又以为实体是多元的。物体可以无限分割，原子论者所谓原子仍有延长，所以他们的分割不能算做无限的分割。真正的实体乃是一种不具延长的，非物质的单元。这就叫做 Monad（单子）。单子是非延长的，故不能再分。单子为独立的活动力，故不受他物的影响，能自动地活动。莱氏有一句有名的话：“单子是没有可以出入的窗门的”。单子的活动为自己发展的活动。所谓发展不外是表现，所以单子的活动乃是表现自己的活动。单子的状态表现着各种阶段，正和一粒米表现着一株稻一样（不过要用神的知力方能知道）。这样，单子一面表现自己，同时单子表现着宇宙全体，所以单子是小宇宙，是宇宙的缩影。无数的半径集中于圆心，同样，一切单子合一于一个单子。所以“一是一切”。单子实为宇宙的代表者。

莱氏又把表现看做与表象相同。我们的表象把外摄于内，多摄于一。同样，单子表现及包含宇宙的那种活动乃是心的活动。所以一切单子都是有心的。又单子上下的阶段为无数，宇宙间有相似的单子而无完全相同的单子。单子都表现着宇宙，但其所以表现宇宙的明了的程度则各不相同。至于完全明了的表象则属神的特权。单子的表象都不是完全明了的。单子既为无数，且表现的明了又各不同，然则宇宙何以会有统一呢？他以为这由于所想表现的内容完全相同的缘故。宇宙之所以有调和与统一，全由于此。

现实世界乃是神所选择的最完全的世界。现实的世界，并非因为神所选择，所以是最完全；却因为最完全，所以为神所选择。“优良者方得存在”，乃是神选择世界的标准。所以世界的调和全出于神的意志的预定。莱氏把这种调和名之曰预定调和（Preestablished Harmony）。这样，莱氏把机械观与目的观遂加以结合了。

(二)赫尔巴特的多元论

我们通常的思想里面，有种种矛盾。哲学的任务在于发现及除去这种种矛盾，使我们思想成为统一的整体，换句话讲，哲学的任务在把我们经验上的种种材料，站在批评的立场，加以重新组织。照通常的思想，一物可以含有多种的性质。这一与多之间是含有矛盾的。又照通常的思想，一物的性质虽时时变化，但这仍不失为一物。这变化与主体之间也是含有矛盾的。为解除这些矛盾起见，我们应把通常所谓一物分析为各种要素。这样，在于最后，我们就可发现单纯的(就性质言)，不变的那种实体。这种实体不是时间上及空间上的东西，却是形而上的东西。赫尔巴特(Herbart，1776—1841)把这种最后的实在名之曰“实体”(Das Reale)。

第一，实体乃是不可认识的。我们的认识虽仅止于现象，但在现象的根底，我们不得不认有实体的存在，如我们根本否认这种实体则一切认识皆不可能。康德以为物本身超越我们认识的范围，但赫氏则以为物本身虽不可得而认识，然同时我们却也不能怀疑物本身的存在。他以为在现象存在的限度内，实体也不得不存在。

第二，实在乃是多元的。赫氏以为实体的数目为无限，他从实体与实体相互的关系来说明宇宙间的矛盾与变化。对于现象界的许多矛盾与变化的说明，有二种方法：一为赫智尔的辩证法，一为赫尔巴特的关系法(Methode der Beziehung)。照赫智尔的辩证法，宇宙间的种种矛盾与变化乃系 Weltgeist(宇宙精神)发展上必然的历程。照赫尔巴特的关系法，他以为这种矛盾与变化乃由实体与实体相互的关系而生。实体与实体的关系不同，则实体的性质也就有别。例如一直线因与圆的关系不同，或为切线，或为弦，或为直径。所谓性质的变化与矛盾都由关系上的变化。实体是不变的，常住的。所变化者不过是关系。关系变化则实体的性质也就先后不同。所以我们通常所谓性质乃系现象界的事实，并非实在界的事实。可是进一步想，要有这种种现象(性质)，我们不得不在现象的后面预认实体的存在。所以，宇宙间事物的现象既为无数，那末，实体自然也非为无数不可了。

现在把赫尔巴特的“实体”说的特点总括于下：

第一，他主张“实体是常住不变的”，所以他的思想与古代希腊爱莱亚学派相同，而与菲斯的、谢林、赫智尔等主张活动发展的见解有别。

第二，他主张“实体是无数的”，所以他的思想与原子论相类似，但他又主张“实体是非空间的，不可分的”，则与原子论不同。

第三，他主张“实体是非空间的，不可分的”，所以他所谓实体与莱蒲尼兹的单子相似，但他主张“实体是非活动的”，这又与莱蒲尼兹的思想异趣了。

问题：

一、何谓唯物论？

二、何谓唯心论？其难点何在？

三、何谓具体一元论？

四、何谓抽象一元论？

五、何谓二元论？

六、心身交用说与心身并行说的区别何在？

七、何谓多元论？

参考书：

各种哲学概论及各种西洋哲学史

第三章　宇　宙　论

第一节　自然的历程(机械观与目的观)

形而上学(自然哲学)中，研究“自然的本质是什么”这一个问题的部分，通常叫做本体论(Ontology)。关于本体论的各种学说，约略已如上述。

形而上学里面，还有二个问题须加检讨。一为自然的历程是怎样？一为自然的究极是什么？(就是：在自然的背后究竟有无神的存在)？研究这二个问题的通常叫做宇宙论(Cosmology)。现在先从第一问题讲起。关于自然的历程，哲学上有二种学说相互对立着，就是：机械观(Mechanism)与目的观(Teleology)。

第一项　机械观(Mechanism)

(一)唯物论者的机械观

把自然界里面的那种盲目的必然的因果关系拿来当做宇宙万物生灭变化上的一般原理的，这就是机械观。机械观与从来的唯物论(最近的辩证唯物论不在此例)有密切的关系。一看哲学的历史，主张唯物论的学问家大抵主张机械观。古代希腊的德谟克利脱斯一方面为机械观的代表，一方面又为唯物论的代表。

照德谟克利脱斯的见解，宇宙万物最后的本质为充实而不可分割的原子。原子自具动力，自具重量，故从太初以来，在无限的空间，作无穷的运动。但各原子的重量不相等，所以当原子从上方下降的时候，不能有同等的速力。其大而重者速，小而轻者迟。因有迟速快慢，所以大而重者得追及小而轻者而与之冲突。原子的运动本为垂直的，及既冲突，遂发生斜行的运动。而斜行的原子与其他原子又发生冲突。冲突复冲突，乃发生旋涡运动。而根据这种旋涡运动，个物因以产生。就是灵魂，也系从原子构成的。这样，原子本身自具动力，所以原子的运动是必然的。原子的运动，速力不同，所以原子与原子的冲突也是必然的。其他如旋涡运动的引起是必然的，个物的产生也是必然的。宇宙万物的生灭变化都遵循着机械的必然的因果关系。其生灭变化本无特别的目的的。

近代英国哲学家荷蒲斯也主张机械观。照荷蒲斯的见解，一切存在都为物体，一切现象不外为物体的运动。所谓心的现象也不外是一种物体的运动，而物体的运动无一不遵循着机械的必然的因果关系。所以哲学为研究这物体的运动的学问。详言之，哲学的任务在根据物质的运动以探求现象的原因，又根据这种原因以说明这种现象之所以发生，就是先从结果以推究原因，然后再从原因以说明结果。而所谓原因与结果都不外是物体的运动，而物体的运动间的因果关系都系机械的与必然的。这样，由他看来，宇宙间的一切生灭，一切变化，也是盲目的，无目的的。

“System of Nature”(自然的系统，未署著者名姓，或谓出自法人荷尔巴哈之手笔，而法人第台罗及德人克利姆等实赞助之)为十八世纪法国唯物哲学的经典。照这本书的理论，宇宙万物运行不息，甲为乙因，乙为丙因，因果连续，没有穷极，而万物的生灭变化，都依据因果关系，不具任何目的，所以我们也不得以善恶美丑评论之。所谓善恶，所谓美丑，皆为我们主观上的设想，绝非自然界事物所本来具有的。

(二)一元论者的机械观

主张机械观者未必一定限于唯物论者。一元论者里面也有采取这种见解的学问家。如斯匹诺莎就是其例。斯氏所谓原因是指数学的原因而言。(他研究哲学采用数学的演绎法)。换句话说，他用一个概念作为根据，然后从此加以演绎，加以推论。假定某一件事可从这个概念必然地演绎而出，他就以为这一件事的所以发生乃系依据那个概念的(就是以那个概念做原因的)。这样，斯氏所谓原因与结果，实与论理学上所谓理由与归结相同，含义较普通所谓因果为广。他以为神乃是万物的原因，其意非谓神是根据自由意志创造万物，却不过说既有此神，就不得不有万物而已。(正和从三角形的本质我们一定会得到“内角之和等于二直角”的结果一样)，这样，斯氏同数学家一样，是排斥目的观的。他以为目的观的主张乃出于“推己及物”的那种错误。如果依目的观之言，则神不得算做完全圆满的实体。为什么呢？因为神既怀抱目的而活动，则在未达目的之前不得谓为完全，一定要待目的既达，始能称为圆满的缘故。

(三)近代思想中的机械观

近代思想中的机械观则有下列三种科学上的根据。

(一)进化论(Theory of Evolution)。达尔文(Darwin，1809—1882)所创的进化论把从来的物种神造说及物种不变说加以打破。他根据种种观察与实验，以为一切物种是由进化而来。生物由单纯以进于繁复，由同质以进于异质，由低级以进于高级，这叫做进化。生存竞争与自然淘汰为生物进化的主要的原因。生物在这种公例中演进，其变化是不含任何的目的的。

(二)原子论(Atomism)。原子论谓任何物质分至不可再分时，其各部分称为原子。某物所含原子的数目，如有增减，则其性质亦因之而变。要之，一切生灭变化皆由于原子的结合与分离。这种结合与分离完全是机械的，绝无目的之可言。原子具有重量，物质的重量为造成物质的原子的重量之总和。如从其一物质除去原子若干，则该物质的重量亦必随之减少若干。宇宙间的全体物质是不曾有增减的。

(三)能力常住律(Law of Eternity of Energy)。所谓能力，并非物质，乃系物质的作用。物质具有重量，能力却没有重量。就宇宙间能力的全体言，甲能力固可变为乙能力，但宇宙间的全体能力却永远不增不减，是常住的。

根据上述三点。近代自然科学家往往主张机械观，以为宇宙的进行是遵循着机械的必然的因果关系的。但因最近物理学有了长足的进步，这种理论的基础已在摇动，机械观大有不能自圆其说之势。详见结论，此地从略。

第二项　目的观(Teleology)

(一)柏拉图的目的观

主张"宇宙万象都向着一定的目的发展着或进行着"的见解，叫做目的观(Teleology)。希腊的柏拉图的学说就是其例。柏氏以为理念为实，现象为虚，观念如形，现象如影。形为影的原因，理念也为现象的原因。而他所谓原因在其他方面又是目的。理念一面为现象的原因，一面又为现象的目的。理念常住不变，而现象界的个体则变化无常。现象界的个体之所以变化，是因为现象逐渐向着理念这一种目的发展的缘故。不过现象界的个体的变化固由于追求目的，而当变化的时候却不能超越因果的关系，作自由的行动。

(二)亚里士多德的目的观

亚氏的思想与柏拉图大致相似。亚氏以为自然界的事物，自一方面看，不外空间的运动，因而完全服从着机械的因果关系；自另一方面看，则又向着目的逐渐变化着。他尝创四因论，以为普通所谓原因，可分为四种：(1)材料因(Materiel Cause)，(2)形相因(Formal Cause)，(3)动力因(Efficient Cause)，(4)目的因(Final Cause)。譬如造屋：砖、瓦、木、石为材料因，计划图案为形相因，工匠劳动为动力因，房屋完成或居住为目的因。考一屋的成就，先有造屋这种目的，然后确定计划与图案，搜集材料，加以劳力，始得完成。亚氏更进一步，以为四因之中，动力因与目的因实亦不外是形相因。为什么呢？因为动力依据目的而后生，而目的又与计划图案无甚区别的缘故。所以四因可约为形相与材料二因。这样讲时，形相因包含目的因在内。考万物的生灭变化，不外是形相材料的关系，换句话说，万物为欲表现其所包含的形相，故有变动与发展。所以万物的变化莫不具有目的。最下等的物为纯粹材料(Pure Material)。由此逐渐变化，愈变化愈进步，达到最后的阶段，这就是所谓纯粹形相(Pure Form)，也就是所谓神。

(三)康德的目的论

取批评的态度，分析目的的观念，以之应用于一切自然现象的学问家，实为康德。照康德的见解，自然界(现象界)与道德界(物本身的世界，本体界)是两个截然不同的世界。自然界是有条件的，本体界是绝对无条件的。可是我们的知识限于自然界，对于本体界我们是只能信而不能知的。自然界为现实(Sein)的境域，道德界为理想(Sollen)的境域，道德界为理想(Sollen)的境域，前者为感官的，悟性的范围，后者为感官以上的理性的范围。二界之间究有怎样的关系，我们不得而知，可是事实上道德却要求把其思想实现于自然界。那末，二者之间不得不假设一种关系。所以康德在上述二界以外，又设立了一个判断力(Urteilskraft)的境域。这判断力的境域位于上述二界的中间。悟性的作用依据着局部的统一，理性的作用依据着无条件的观念，而判断力的作用却依据着自然界中的目的的观念。判断力把自然界看做是好像具有目的的东西的样子。判断力的这一种统一，与其说是近于悟性的那种局部的统一，毋宁说是近于理性的那种无条件的统一。而所以与二者不同者，是因为这既不是学理的知识，又不是道德上的要求，却不过是把自然界当做好像具有目的统一的样子加以判断罢了。目的适合性有二种：一为主观的，一为客观的。一事物适合于我们的了解力时，这是前者。一事物适合于事物的职分或本性时，这是后者。把一事物看做是好像合乎客观的目的，这种判断，叫做目的上的判断(Teleologisches Urteil)。把一事物看做是好像合乎主观的目的，这种判断，叫做审美上的判断(Aesthetisches Urteil)。这些是康德的判断力批判(“Kritik der Urteilskraft”)的主要问题。这样，他把目的观看做是自我中心的见解(Ego-centric View)或主观的见解。这种看法不是学理的，不过是以自我为中心而加以假想出来的东西罢了。自然界的历程，在知识的范围，是机械的因果关系。所谓自然界具有目的，不过是说我们依据判断力可以把自然界看做好像具有目的的样子而已。所谓目的是一种理想上指导的原则（Regulative principle）而非实际上构成的原则（Constitutive principle）。所以目的观与机械观不但不互相冲突而且是相互为用的。

（四）活力论（Vitalism）

近代生物学家里面有两派反对的理论就是活力论及非活力论（Antivitalism）。生活现象最为复杂，最富变化，生物的构成也最微妙，所以根据这些事实，有生物学家以为生物具有一种特别的生活力（Vital force）。这种生活力统摄个体的生活，运用无机的物质。当十八、十九世纪之交，活力论盛行一时，主张活力论者以为生活力为目的的超自然的原则，而与自然界中普通的力截然不同。到了十九世纪中叶，德国生理学家缪勒（Mueller，1801—1858）虽也主张生活力的存在，然他所谓生活力乃系自然力的一种而服从着物理上化学上普通的规律。故缪勒之说已可说是启了非活力论的端绪。当时实验生理学愈行进步，而达尔文的进化论风靡全世界，于是活力论遂至衰颓，更无立足的余地。盖实验生理学与进化论对于人类生物的构造的巧妙与生活现象的富于变化皆用机械的说明说明之。这样，非活力论遂取活力论的地位而代之。可是到了现在，德国生物学家杜里舒又大张旧日活力论的旗鼓而创新活力论。他所谓“隐得来希”（Entelechy）即旧日Vital force之代名词。Entelechy神妙不可思议，实为关于生物的一切现象的主因。对于Entelechy，他以为绝不能用机械观加以说明。

第二节　自然的究极

照上所述，宇宙论的问题有二：一为自然的历程的问题，一为自然的究极的问题。关于前者，约略已如上述。现在更进而讲述自然的究极的问题。

自然的究极是什么？换句话讲，自然的背后究竟有无神的存在？

这乃系形而上学中最后的问题。我们把形而上学研究到终极时，我们不得不涉及神的观念。所谓自然究竟从何产生？这个问题当然为哲学家所不能忽略的问题。因此，在哲学上把神看做自然的究极的学问家实在很多。故克尔沛(Kuelpe，1862—1915)把这些哲学家名之曰“形而上学里面的神学的学派”(The Theological Schools in Metaphysics)。

对于神的有无的解答当然有二：一为有神论(Theism)，一为无神论(Atheism)。有神论肯定神的存在，无神论却否定神的存在。而有神论之中，又根据神的数目，大别为二派：一种是一神论(Monotheism)，以为神是唯一的，一种是多神论(Polytheism)，以为神是多数的。又在一神论之中，更有拟人神论(Anthropomorphic Theism)，泛神论(Deism)及人格神论(Personal Theism)等。略如上表。

- 神论
  - 有神论
    - 一神论
      - 拟人神论
      - 泛神论
      - 理神论
      - 人格神论
    - 多神论
  - 无神论

(有学问家，有时或把泛神论从一神论中抽出，把有神论分为一神论，多神论，泛神论三种。)

第一项　有神论

(一)一神论

第一，拟人神论。拟人神论把神看做是全知全能，完全圆满，最善最美的实在。就是把人类最高的理想名之曰神。因为把人类最高的理想名之曰神，所以有拟人神论的名称。拟人神论又以为神是超越于宇宙以外的存在。神依据神的自由意志从虚无创造宇宙。从这一点讲，拟人神论乃是一种超越神论(Transcendent Theism)。基督教所谓神就属于这一类。

第二，泛神论 拟人神论把神看做是超越于宇宙以外的存在。反之，泛神论却以为神是内在于宇宙之中的。所以泛神论是一种内在神论(Immanent Theism)。照泛神论讲，神与宇宙是一体的神。在宇宙生成的各种历程里面都存在着。无论何物都包含神在内，一滴水，一泣沙是无一不含有神性的。斯匹诺莎所谓神就是其例。

第三，理神论。理神论反对不合理的基督教的超越神论，以为我们对神应采合理的解释。照基督教讲，神超越着现世，而神又能在现世中表现种种的神奇的事情。这由理神论者看来，是不合理的。理神论的运动发生于十七世纪的英国，而盛于十八世纪。理神论者主张神是宇宙的创造者，可是在神既创造了宇宙以后，宇宙的一切现象俱遵照机械的自然法则而进行，绝不再受神的直接的支配。英人吐兰等为理神论的代表。

第四，人格神论。人格神论一方面以为神是具有知，情，意的实在，一方面又以为神为宇宙的内在的根源。在把神看做人格的一点，人格神论是与拟人神论相似，可是人格神论把神看做内在的，这是与把神看做超越的那种拟人神论不同的。又在把神看做内在的一点，人格神论是与泛神论相似，可是人格神论把神看做人格的，这又是与泛神论不同的。近代人格神论的代表为德人罗采(Lotz，1817—1881)等。

(二)多神论

一神论各派的要点，约略已如上述，现在述多神论。多神论系对一神论而言。一神论以为神是唯一的，多神论却以为神是多数的。根据多神的思想而成立的宗教甚多，但在哲学上则价值甚少。大体讲，多神论一方面承认多数的神，一方面在多数的神中也承认有一最有力最主要的神，以统辖其他一切的神。我国一般人民里面最流行的通俗宗教(道教与佛教的混合物)就可以说是属于这一类的。

第二项 无神论

关于有神论已经讲述大概，现在更就无神论一言。有神论(包含一神论及多神论)主张神的存在，而无神论却否认神的存在。无神论常与唯物论相联结，自来的唯物论者大概都是无神论者。在启蒙时代(十八世纪)的法国，因为唯物论盛极一时，所以无神论的思想也就风靡一世。照当时的唯物论者的健将福尔巴哈的见解，存在于宇宙里面的一切不外是物质。物质具有延长，物质能够运动。运动里面有引力与斥力，根据引力与斥力一切运动因以产生。宇宙万象都可依据物质与运动二者加以说明。所谓精神，所谓神，是没有的。

问题：

一、何谓机械观？

二、何谓目的观？

三、何谓泛神？

四、何谓理神论？

五、拟人神论与人格神论的区别何在？

参考书：

同上章

第四章　结　　论

第一节　对于福尔巴哈的唯物论的批评

福尔巴哈(Feuerbach，1804—1872)的唯物论与本编第二章第一节所述的各家初无大别。不过他为引起辩证唯物论的学者，所以我们把他并入本节，并拟加以比较详细地说明。唯物论到了福氏，可以说是有了极显著的进步。在他，存在于宇宙间的东西只有物质。物质具有延长的性质和运动的能力。运动有种种不同，因之一切事物也有种种不同。宇宙万象无一不可由物质与运动加以说明。在福氏，并无所谓神与精神的实体的存在。我们之所以承认精神，无非因为我们对于身体所起的变化之中只能察知外部的运动而不能察知内部的精微的运动的缘故。这种错误都从把自己看做二重的东西发生出来。我们于世界之外相信有神的存在，以为世间种种祸福的原因都由于神。这种见解的错误当然与上述的错误一样。其实，一切精神都由感觉而生，而感觉乃系脑分子的运动。脑分子为纯粹的物质分子，其运动与其他物质的运动毫无区别。这种物质分子相结合时则生感觉。就此可知精神的力都从身体的力导引而出。至于神，乃系一般教徒所主张的自欺欺人的愚说。宇宙为存在物的总体，实无假定神的必要。他论意志，主张决定论而排斥目的论。他又以为灵魂不灭论是迷妄的见解。

在认识论上，照福氏讲，我们表象的对象是与我们的表象本身不同的。换句话说，物本身是与我们所谓物有别的。为什么呢？因为后者不过为前者的一部分或一方面的缘故。在他，味觉神经与盐同为自然的所产，而味觉神经所感到的“咸”乃系盐的客观的性质之主观的表现，并不就是盐的客观性质。所谓感觉，实系客观地存在于我们外部的物本身对于我们感官波及作用的结果。感觉为客观的世界之主观的映象。这样，现象与物本身之间，在他，是有差别的。不过他所谓差别，并非是那种观念论者所主张的神秘的差别。他以为把物本身转化为我们所谓物这件事就是认识。所以经过这种转化后的物就是我们关于物本身所得的知识了。他是反对物本身的不可知论的。

他也承认自然里面的客观的合法性或客观的因果性。在于福氏，这种客观的合法性的承认是与物体的客观的实在性的承认不能分离的。所以他所主张的实为彻底的唯物论。他彻底反对着一切观念论。在他，把因果性不从外的世界而从意识或理性等加以抽出这件事，不仅把人类的理性与自然加以分离，并且结局会把自然看做理性的一部分的。他明白主张理性乃系自然的一部分，以为自然的客观的合法性是可由我们的头脑加以近似地反映的。

十八世纪法国的唯物论及福氏的唯物论对于打破观念论和宗教固有相当的贡献，但是也未始不含极大的缺点。这些唯物论者对于“发展”根本未曾理解。他们都是形而上学者。所谓形而上学乃是指把自然及社会里面的必然的发展加以否定而把一切事物在普遍的相互关联之外加以观察的那种见解。形而上学不仅在观念论的立场上得以存在，就在唯物论的立场上也是能够存在的。这些唯物论者既把自然看做固定不变的物质的总体，所以他们仍不免为形而上学者。他们固然主张物质都在运动，可是他们所谓运动是不会引起物质的质的变化的。在他们，一切物质都是由最小的原子结合而成。所以原子永远在运动之中。但是在运动之中，新的东西却永不会产生。与过去一样，在现在，原子不过在空间中变换位置与重新结合罢了。我们所能观察到的一切变化都是表现的，并且是非本质的变换。对于自然的那种永久不易的本质是丝毫不能加以变动的。这些唯物论者于研究由一物产生他物时，又不注意二者的关联。他们把世界看做是孤立的和固定不变的物质之机械的总和。这样，他们的见解是机械的。这就是他们重大的错误了。实际讲来，在宇宙，除了不绝地发展着的自然之外，更无所谓永远的存在。一切的物，都在另一物的里面，有它的自然的基础。物从另一物产生，而这一物的里面又包含着此后变化的根源。所谓对于现象的说明，换句话说，就是要找出现象的发生的原因，也就是要在自然的普遍的发展的连锁中间找出这个现象的地位。科学发现了动物及人类的发生的原因，观念论就不得不抛弃物种神造说及物种不变说。形而上学的唯物论者一面固在反对宗教，可是他们却找不到宗教的发生的原因。他们不把宗教看做历史的发展之必然的产物，却看做民众的错误与教徒的欺骗。同样他们也不能对他们所竭力攻击着的社会的各种矛盾的发生加以说明。所以历史，在他们，乃是为着偶然的各种事情的发生因而引起的人们的各种意见的结果。这些唯物论者以为意见支配着世界。这样，他们不能把自己的唯物论应用到社会现象上面去，于是在社会现象的领域，他们就不得不转入于观念论的立场了。总之，机械的及不能依据唯物论说明社会现象这二点，乃是过去的唯物论的最大的缺点。

第二节　辩证的唯物论

辩证的唯物论的体系的建立还不过是最近数十年来的事。辩证的唯物论的发源地为德国，目下则大有普及于全世界的趋势。现在把辩证的唯物论的要点摘录于下：

(1)物质与运动乃系宇宙间事物的根源。

(2)客观的实在独立于我们的外部。感觉为运动的物质的映象。运动的物体对于我们波及作用，于是就引起我们的感觉。这是自然科学所证明的。红色的感觉为具有一定速度的以太的振动的反映。蓝色及其他各种颜色也都一样。以太的振动对于我们的色彩感觉是独立存在着。我们的色彩感觉根据于以太的振动对人类的视觉所及的作用。一般讲，人类的感觉反映着客观的实在。

(3)时空具有客观的实在性。感觉既自独立存在于我们外部的实在而来，则所谓时空也当然独立存在于我们的外部。福尔巴哈谓时间与空间绝不是单单的现象形态，乃是存在的根本条件。在世界，除了运动的物质之外，更无他物的存在，而这运动的物质，除在空间与时间里面外，更不能有所谓运动。所以空间与时间为所有存在的基础的形态。所谓空间与时间外的存在是毫无意义的。

(4)在自然界里面，一切事物都在不绝地发展与变化。事物之间并无绝对的区别。万物，如长江之水，不绝地在变化。主张这种理论的，在中国有《易经》一书，在希腊则有赫拉克拉土斯其人。他曾说过一句名言，谓：我们不能两次站在同一河流之中。又事物之间绝无绝对的区域。为什么呢？譬如生物与无生物的界限，照科学的研究，绝非绝对明显，动植物的界限也是如此，又如从前的科学家以为原子与能是绝对不同的，以为原子具有重量而能则不具重量。可是最近因物理学的进步，我们知道从前所视为固定不变的原子也会变化，而且构成原子并具有重量的那种电子也可以变为没有重量的能。这样，能与原子间的障壁又被打破。从前视为绝对不同的原子与能二者，现在又不能说是绝对不同的了。

(5)运动的物质，从一个状态，可以变化成为与通常见地似乎不能一致的另一个状态。上述物质可变为能的实例，即其明证。

(6)物本身具有认识人的可能性。通常存在于我们外部者曰对象，曰物本身，曰被感觉体。为我们所知觉者曰内容，曰物，曰现象，曰感觉体。不可知论者休姆和先验的观念论者康德都把这两方面加以严密区别。休姆以为“物本身”是不能为我们所知道的，所以关于“物本身”的一切理论，在哲学上，不能成立。康德虽承认“物本身”的存在，但他也以为这是一种不能认识的东西。在辩证的唯物论者，物本身与物虽有不同，但其所谓不同，不过是指精粗的区别，并不包含任何神秘的意味在内。为什么呢？因为在辩证的唯物论者，我们所知道的物就是我们关于“物本身”所获得的知识的缘故。

(7)意识或精神为物质经过了高度组织后的产物。物质的存在不是依存于感觉的。物质是第一性的，基本的。所谓感觉，所谓思维，所谓意识，所谓精神，都是经过了高度组织后的物质的产物。

(8)感觉，知觉以及一般所谓意识作用，都系外部的世界的反映，都系客观的实在的映象。

(9)关于物质的构造和性质的一切科学的命题都只具有近似的相

对的性质。

(10)从相对的真理的总和可以积成绝对的真理。

(11)相对的真理乃系独立存在于我们外部的对象之相对(或近似)正确的反映。

(12)这些反映不绝地趋于正确。

(13)在一切科学的真理之中，不拘它的相对性，绝对的真理的要素却是被包含着。

(14)人类的意识是依存于围绕着人类生活的那种环境的各项条件的。

(15)意志受着因果关系所支配。

(16)自由乃指支配社会或自然上所行使的自由而言。无论在自然现象或社会现象，我们皆可发现其中的必然的因果关系。而利用这些所发现的法则，我们就可支配自然或社会。所谓自由就在于此。

(17)社会现象发展的原因在于物质生活的内在的矛盾。

(18)关于自然的历程，机械观与目的观各具一面的真理。自然的发展是机械的，又是非机械的或目的的。换句话说，就是辩证的。这种见解乃是把机械观和目的观加以综合的更高一级的辩证观。照辩证观讲，因果关系有时是机械的，但有时却是非机械的(如物质变为能)或目的的(如人类的行为)。

(19)关于自然的究极，辩证的唯物论者所主张的是无神论。所谓无神论的职限，即以打破宗教的意识形态为目标的。

问题：

一、过去的唯物论的缺点何在?

二、试述最近辩证唯物论的主张的大概!

三、辩证唯物论者对于宗教的见解是怎样?

四、辩证观与机械观及目的观有什么不同?

参考书：

一、王特夫：《甚么叫做物质?》

二、各种辩证的唯物论或唯物辩证法。

个性教育

目　　录

第一章　个性的意义

个性的尊重实可说是现代教育的一大特色。在心理学上，对一般的心理学，近今有个别的心理学的勃起；在教育学上，现在对一般的教育学，也逐渐有个别的教育学的发现；考两者的趋势正是相同。我们看各个人，从一面讲，虽可说是平等，然而从他面讲，同时也可说是有差别。所以无论在教育理论上面，还是在教育实际上面，教育者倘只留意于被教育者的平等的方面，而不注意于差别的方面的时候，那末，教育者的处置实未免是片面的处置。同样，教育者倘只着眼于被教育者的差别的方面，而忽视平等的方面的时候，其处置的不当也是一样。本书的主旨，虽在于探究个人的特异性——个性——并讨论个性在教育上的意义；然而绝不敢否认以陶冶各个人的通性为目的的一般教育学之存在和必要。更进一步，本书不过想于一般陶冶的大前提之下，附加一个个性陶冶的小前提，以求达到正确的教育上的结论罢了。又个性二字，从广义讲来，虽包含身体和精神两方面，本书所论却注重于精神的方面。

原来，个性教育的问题，范围极为广泛，所以想把各方面的问题一一精详讨论，到底不是区区本书所能办到的事。可是物有轻重事有本末，我们倘把其中重要的根本问题详细论述，而于不十分重要者稍微提及一些，那末我们在本书中，未始不能达到研究目的的一端。现在于论究之前，我们且先把论点分类清楚，然后逐一讨论，这是研究上最良的方法。就是：第一，我们应先定个性的意义，第二，论教育的理想，第三，论个性与教育的关系，第四，论个性及于教育效果的影响，第五，论个性差别的原因，第六，论正常儿的个性，第七，论异常儿的个性，第八，述个性的七大实验法。教育者对于各项问题研究以后，务应讲求适当的教育方法，一面消极地防止因个性而生的各种教育效果上的制限，一面积极地活用个性，以增进教育上的能率。

本章先论个性的意义。

个性的解释，随论者各自的目的及立脚点之不同，大有区别；所以笼笼统统地在个性名目之下，便行开始议论，批评的时候，在学术上总未免有缺乏精确的弊病。本书对于个性意义的阐明，专设一章，用意正是为此。因为个性的解释一有出入，那末，一切关于个性的问题上的各项议论，就难免大受影响；例如甲乙二人对于个性二字的意义各抱异见，那时候，他们对于个性与教育的关系的论断，自然也就不同了。关于个性的意义大体可摄为下列三种。

(一)个性二字最古的解释即指心理学上的气质(temperament)。是一种见解渊源于希腊的黑破克拉底斯(Hippocrates)及罗马的舸雷奴斯(Galenus)。他们从自己专修的医学上分人类的气质为四种。所以他们的心理上的议论可说是医学上的心理说。原来，这一种学说的基础在于体液生理学——这种生理学从现今看来，当然是靠不住。照体液生理学的所说，人类的主要体液有(1)血液，(2)黏液或淋巴液，(3)胆汁或黄胆汁，(4)黑胆汁四种。随各人对于上述四种主要体液所具有的分量的多少，而气质因之大异。倘身体中含血液独多者，他的气质就为多血质。同样，含黏液或淋巴液独多者就为黏液质，含胆汁或黄胆汁独多者就为胆汁质，合黑胆汁独多者就为忧郁质。所以人类的气质可分(1)多血质，(2)黏液质，(3)胆汁质，(4)忧郁质四种。做这种分类的根据的生理学和心理学，在于今日既为学界所否认，那末，这一种分类和气质的名目，当然是不配存在于学术上面。但是为此说传袭已经久远的关系，所以我们在各种书籍上还得时常看见这称气质上的分类和名称，并且有许多学问家现在还想从种种方面找出些根据来维持这种旧说。

康德(Kant)把这种见解略加发展，首把气质大别为感情的气质及活动的气质两种，更以生活力的兴奋及弛缓分头表示，略如次表。

	感情	活动
兴奋	轻血质(多血质)	温血质(胆汁质)
弛缓	重备质(忧郁质)	冷血质(黏液质)

德国的胡恩特教授(Prof. Wundt)虽也采用多血质、忧郁质、胆汁质、黏液质的区别；然他看这种区别不过是感情发动上的特质，与各人的性格全无关联。这是因为胡恩特以性格归做意志活动的特质，气质归做感情活动的特质的缘故。总之，以个性解作气质，这是个性的第一种解释。

(二)个性的第二种解释即指性格。有许多学问家把性格与个性二者视为一物，他们指各个个人所有的精神全体的特性称之曰个性。在这种时所，个性乃指"individuality"而这种 individuality 乃基于个人特有的精神能力，所以照这一说，个人在精神活动全体上面所有的特质叫做个性。雪搿淮特(Sigwart)的解释个性就取此说。他又把这种个性分为两种，一种是个性的实质的方面，一种是个性的形式的方面。所谓个性的实质的方面是指因职业和其他事情而生的各种不同的个人性格。所谓个性的形式的方面，则随个人之倾向理论或倾向实际，更分为理论的个性和实际的个性两种。而他所称实质的方面及形式的方面又可分为男性的及女性的二类。以上所述为雪搿淮特关于个性的见解。这一种解释下的个性多用于品性批评之际，所以我们虽称他做伦理学上的个性也无不可。

(三)从实验的经验的基础上面来确定个性的意味，这是解释个性的第三个见地。实验心理学及精种病学之进步对于这种见地曾有莫大的贡献。克雷配林(Kraepelin)和斯堆伦(Stern)氏等为这方面的率先研究的学问家。前者从精神病学方面提倡个性心理学。后者从实验心理学方面进而研究个性心理学。他们二人都用实验的方法，精密地检查各个人所有的精神活动，再就精神活动的各方面论究各个人的特有性，而以此特有性定名叫做个性。现今在教育上主张尊重个性的教育家，和学问家对于个性二字都采用这种解释。但是在这一部分的学问家和教育家里面，他们的意见当然也有分歧的地方。譬如同是由实验心理学的根据讨论个性的时候，有人往往不以各个的心的活动的特有性称做个性，却也以这一种特有性的综合叫做个性；换言之，他们往往以各人在感觉，记忆，想象，思维，气质等上面各种差别的综合叫做个性。这样说来，他们的个性的意义也许与上述之individualiduality相同，可是仔细考察起来，二者大异其趣。为什么呢？伦理学上的个性(就是第二种解释中的individuality)是演绎的；而此地的综合各种特有性而化成的个性却是归纳的，就是用实验的方法把人类的精神作用分析清楚，然后再把各项结果，依思维的法则概括而成的。所以取后面的解释的时候，个性的概念虽是这样取义，但在实际，个性仍然不外是各种时所所表现的各种精神作用的特异性罢了。所以既取实验的经验的立足地的时候，在个性二字的概念的规定上也许有各种异论，然而在实质上，个性要不外乎指各个精神作用上面所发现的个人的特异性。

由以上三种概念，我们约略已可了解个性意义的大体。现在我们更依教育史上的事实，观察个性的解释的变迁。在教育史上关于个性的解释，实在是五花八门，种类极为繁多。近来的教育界里面，一般提倡尊重个性的学问家，都齐声攻击从来的教育蔑视个性，然照我看来，在另一种解释下面讲来，从来的教育不但未曾蔑视个性，而且对于个性也曾竭力尊重，不过今日和昔日对于个性二字的解释各有不同罢了。从教育史上看来，罗马的库因铁良(Quintilian)为提倡个性尊重的教育家。他确信儿童有天赋的性能，照他的意见，多数的人们都具有理解事物，学习技能的天性。他说：“鸟生而能飞，马生而能跑，人生而能够理解。”所以人心的起源实为上天所赋予，人的天性具有一定的可能性和能力。教育的任务就在于发展这种可能性和能力。他并主张人的天性大体相同。他在“雄辩教授论”里面说：“人们往往以为各人本来各异其性，而不论何事都把来归到天性上面去，这实是大错特错人之生而无学习能力者实是罕见。”由此看来库因铁良所尊重的个性实在可说是各人所通有的先天的能力，与个人的差别性完全两样。他所谓个性教育不过是想把个人的能力——各人的通性——使之尽量发展的教育罢了。像他所抱的这一种思想，等到文艺复兴时代，为支配当时欧洲思想界的人文主义的学问家所袭用；等到19世纪，又为新人文主义者所复活。人文主义者和新人文主义者都以这一种个性的发展做教育的根本原理。拉铁盖(Ratke)康美尼乌斯(Comenius)卢梭(Rousseu)裴斯泰洛齐(Pestalozzi)等所主张的个性约略与此同义，他们所谓个性，与其说是指个人的差异，毋宁说是指人类天赋的通性；所以他们所谓个性教育，与其说是随人而施的个别教育，毋宁说是发挥各人天赋的通性的共通教育。例如裴斯泰洛齐以为教育的手段在于理性的启发，各个人在个人的禀赋的差异之中有此全般的理想，所以使这一种活力尽量发挥出来，这就是教育的任务。这一近代的教育家的见解，于此也可窥见一斑了。其他，在欧洲中古时代，反对宗教教育，提倡个人能力的自由发展的教育家的学说，也都可说尊重这种解释的个性。此外，如有一派的政论家反对划一制度，赞成自由主义，以为以千篇一律的规则限制人民，有碍人类本性的发达，务应对于人民与以自由活动的余地，这一种政论家对于个性也可说是取同一的见解。从此，我们可以知道古来个性二字意义的笼统，所以昔之所谓个性，在今未见得是个性；因为名称虽同，而实质已是大异的缘故。再进一层，我们同样对于主张发展万人共通的本性的旧式个性教育，在今日看来，对于所有精神作用上的个人的特异性(就是今日所谓个性)是完全忽视的，所以昔之所谓个性教育，与今日之个性教育，也是全然不同。

第二章　教育的目的

在第一章里面，对于个性的意义已经阐述大概。现在在本章，我们更进而确定我们对于个性陶冶应取的态度。我们应当和人文主义者一样，以发展万人共通的性能做教育的根本原理呢？还是应当采取个人的教育学说，以个性的发挥为主，而以国家社会的进步为辅呢？还是再行另取别项见解呢？我们首先应定我们的立足点。

教育为把人教养成人的活动，就是把未成熟者教养成健全的成人的活动，所以教育的一般目的可说是在于儿童身体及精神的调和发达。然我们单说身心的调和发达，那末，我们所规定的不过是形式的目的，因此，我们对于教育，更非与以相当实质的内容不可，关于这个问题，古来多数教育家都有各自的意见，所以甲论乙驳，议论最是纷纭，我们一看教育史就可明白。我们现在为讨论便利起见，先把教育史上的各种教育理想论比较研究，加以批评，然后再定我们的教育目的。关于从来的教育理想上的主义大约可分八种：就是，(1)宗教主义，(2)实利主义，(3)自然主义，(4)道德主义，(5)审美主义，(6)人格主义，(7)个人主义，(8)社会主义。

(一)宗教主义。宗教主义以宗教所指示的人生理想做教育的目的。欧洲中古的宗教主义的教育就是其例。这一种主义把人生的理想放于来世，看现世不过是来世的准备，所以这一种主义下面的教育有限制世俗上的物欲，养成崇高的情操等诸美点，可是在另一方面，对于现世的生活未免过于看轻，且藐视物心二者不可分离的关系，对身体的发育也未免过于忽略了。

(二)实利主义。实利主义以获得现世生活上的实利实益做人生的理想。这种主义，和宗教主义完全反对，以锻炼健全的身体，启发实用的知识，造成生存竞争上之优胜分子，为教育的目的。所以这种教育一面有造成实用的人才等美点，可是在另一面，我们人类的生活未必单在于实利实益，因此，这种教育总未免有使儿童的品性陷于卑贱的危险。

（三）自然主义。教育上的自然主义以为人的本性本来是善，其所以腐败堕落，全由于社会的恶风，所以教育应以自然本性的发达做目的。这一种教育虽有注重身心自然发达的长处，但是往往难免有偏重自然，轻视社会的弊端。卢梭学说的缺点就是在此。

（四）道德主义。道德主义把人生的理想置于道德的生活，以道德的品性陶冶做教育的目的这一种主义虽有依据道德陶冶养成高尚品性的优点，可是在另一面，像海尔巴脱（Herbart）一样往往有轻看美的情操，忽视身体锻练，以及偏向个人主义等种种短处。

（五）审美主义。审美主义以美的情操的陶冶为教育上的理想。美的陶冶，在教育上，固然是属于必要，可是藐视精神上的重要要素知识和意志，总难逃偏颇之讥。

（六）人格主义。人格主义注重品性的陶冶，正和道德主义一样，而把情意看做人格的中心，以陶冶情意为提高个人人格价值的手段。情意陶冶固属重要，但与审美主义一样，未免有轻视知的教养的缺点。

（七）个人主义。个人主义以发扬个人的本性为教育的最高目的，主张教育应谋个人身心的调和发达。这种主义虽与教育的形式目的全相符合，然于实质目的方面，却有未曾筹及之嫌。人类生于社会，长于社会，所以人类本有在生涯中顾虑社会的义务，所谓个人的调和发达，彻底言之，也不过是营社会生活的一种条件罢了。

（八）社会主义。教育上的社会主义以使个人成为社会健全的一员为教育的最高目的。社会主义倘到极端的时候，往往虽有全把个人的发达概行忽视的危险，但是平常一般注重社会的教育家也明知社会生活需要强壮的身体，丰富的智力，巩固的意志和优美的情操；所以于个人身心的调和发达当然也行顾及。

通览以上八种主义，我们当以第八种社会主义为最完善，而同讲社会，社会之中，有家的社会，有国的社会，有世界人类的社会。此地所论教育目的上的社会，在于今日，当然是指国家的社会。国家，在于今日，实是实际上社会生活的标准。所以我们教育子弟的时候，务应培养他们爱国的精神和为公服务的热诚。因此，我们此地谈个性教育，我们绝不主张个人主义的教育，我们不过是为求社会主义教育的完成起见，劝一般教育家对于儿童个性应当顾虑罢了。

第三章　个性与教育的关系

教育为一种社会的事实，这种社会的事实想把现代的文化，传达到次一代。换言之，教育是想使未成熟者理解现代的文化，更进而创造或建设社会的文化。教育的根本原理就在于此。而这文化之中，对于被教育者，有直接的文化，有间接的文化。所以教育的原理如说在文化的传授，那末，教育的最高原理当然是在直接文化的传授。换言之，文化中对于被教育者最有直接关系的国民的文化实是教育的最高原理。世人里面，往往有心醉他国国民的文化而不尊自国文化，因而丧失国民的性情者，这实在因为这种人们未曾觉悟到这一种原理的缘故。可是在另一面，我们绝不敢说，我们不应理解外国的文化，以助国民文化的发达。我们所主张不过以为教育应以自国文化做基础，而以他国文化做副品而已。

依上述的理由，人们倘对于个性过于重视，想于个性主观之中去找教育最高的原理，那末，这种见解实是错误，实与教育本身的要求全相矛盾。我们由人性研究的结果，固然能够获得教育上形式方面的规定，就是说能够解决怎样去教育儿童一个问题；但是绝不能够由此获得实质方面的标准，就是说绝不能够解决向什么方向去教育儿童这个问题。第一章所述的库因铁良的个性论，也是想在人类天赋之中找出教育的根本原理，所以绝不能称做完善。人文主义，不消说，就是经卢梭裴斯泰洛齐二人之手传入德国的新人文主义的思想，也都以为欲养成理想的人物，非发挥各人所具的自然性不可这种见解也不免是谬误。在裴斯泰洛齐，他所谓自然性虽为客观的，与歌德(Goethe)的主观天才主义固已不同，然求教育根本原理于人性里面煞是不当。又裴斯泰洛齐等所唱的个性虽指人类共通的天性，与现今所称个性，虽全两样，然不问其为通性与个性，他总想在人类的性能(包括通性与个性)里面寻求教育的根本原理，所以他的见解，在学术上难称稳妥。

美国华盛顿大学教授西生(E. O. Sisson)在所著"品性的本质"(The Essentials of) Character, a practical study of the aim of moral education)论教育者关于个性陶冶应取的态度说：

"人人相互的差异是无限的。这种差异虽大概成立于幼少时代，然得求其根源于生来的禀赋者也是不少。不解儿童间的差异，贸然从事教育，成功实是毫无把握。可是另一方面，通常一般人们所都具有的通性也是极多，而且也极重要，自然不待多言。……卢梭以来，因提倡重视个人间的差异的缘故，往往反对于万人通性的重要有忽视的弊端。所谓儿童，身内藏有名誉，诚实，亲爱，其他各种必要的诸德的萌芽冲动等。我们把儿童普泛共通的天性以使之完成，这实比发现儿童特殊的才能而培养之，更属重要。……现在且把人类普泛共通的若干性质中之最重要的性质概称之叫做品性，那末，品性实为构成真正的男女的若干性质的总称。所以有这种品性的人才是完全的人。教育者最少对于构成品性上最重要的诸性质不可不有明了而且确实的知识。此地所谓教育者，第一是指父母，第二是指教师，此外兼指一切对于儿童或青年的成长发达上予以影响的人们。这第三的意义下的教育者实可说是包括一切的人。

又教育者对于儿童培养这种品性固属安全，然于各个体的特别才能也应注意，务应适应自然实施教育。……

因此，我们当面的问题极属明了；可是解答，那就不容易了。我们的问题就是如下。为将来儿童做一个人起见，做社会的一员起见，为使儿童将来得营幸福及有用的生活起见，我们到底应该着眼于怎样的人类的通性而一一培养之？由这个问题的解答，我们得以规定教育的一般目的。关系于儿童教育的人应首先考虑这个普泛的目的，然后再于诸儿童的才能和个人的可能性加以顾及，这才是正当的顺序。"

照西生所说，教育的要旨，第一在于对于社会生活最必要的所谓通性加以培养，而为求教育的效果起见，同时对于个人的差异，也应顾虑。这种见解，可说是稳适的。

总而言之，教育的形式目的在儿童身心的调和发达，实质目的在于养成国家社会的健全分子。所以对于儿童，与以理解文化，创造文化的修养实是教育上的根本原理。现在再换一方向来说，我们从社会间各个人的性能方面解释起来，议论更觉明了。无论何人，倘他想营有意义的生活，那末，他总得理解社会的文化，总得谋对于社会的文化予以相当的贡献。但是达这种目的的手段，却是各人互有不同。为什么呢？我们谋社会文化的发展固属我们的天职，可是各人随各自的个性，境遇等，实在生活上所做的事业绝不能够全相一致。所以我们非是各人各营特有的业务，来达到国家社会的理想，建设较优的文化不可。所以在一方面，各个人对于国家社会都应顺应维持，在另一方面，却应发挥个人的特色，以谋社会文化的丰富。从此看来，个性和通性二者在教育上都具有重大的意义。况且在教育方法论里面，关于个性的客观的考察也是极属必要。倘使教育者只以自己的主观的经验或自己的主观的状态做基础，来实施教授，训练，美育，养护等，那末这种教育的活动实在难收良好的效果。所以教育者对于被教育者的身体状态及精神状态，不必说，就是对于个性的差异，也应仔细研究，仔细考虑。所以我们的态度虽不想在个性之中去找教育的根本原理，然绝不蔑视个性。我们为客观地求良善的教育方法起见，实抱尊重个性的主张。

个性的解释既如第一章所述共有三种，现在更把三者与教育的关系一一分论如下。

第一，解个性作气质的时候，最应注意的是训练一项。就是赏罚的时候，我们应注意。因为气质是先天的，所赏不必重，罚务宜轻。唯依照洛采(C. Lotze)的生理的心理学，气质虽多出先天，然由后天的影响也可生多少的变化，果如此说，那末，谋相当的矫正也是应当。

第二，雪掰淮特所主张个性是指各人性格的特色。取这种解释的时候，教育对于这种个性，应当注意，自不待言。换言之，教育者对于具有智的个性的儿童应使发挥这方面的特征，对于具有实践个性的儿童应使发挥那方面的特长，这当然是必要的。然而人类在社会上，无论从事于何种职业，一面固然应当发挥个人的特性，但同时也有补救个性缺点的必要。因为这个缘故，单讲发展儿童的长处而不讲补救儿童的缺点，这种处置，不能称为妥当。普通教育既以一般的陶冶为主旨，那末，只管奖励儿童所好的学科，而忽略儿童所厌的学科，这种办法也是不行。在中学校，固然比在小学校，对于个性可以较为尊重，可是使各个学生专攻各人所长的学科，这是在专门以上的教育才可办到的事。

第三，克雷配林和斯堆伦的所谓个性与雪猗淮特的所谓个性完全不同。雪猗淮特把个人精神的活动全体的特色称做个性，而克雷配林和斯堆伦二人，却主张分析个人的精神作用，把各方面的特质叫做个性。原来，教育在一方面是在于发展个人的能力，在另一方面是在于传授必要的智德，那末，无论从任何方面看来，教育应该尊重学生的心理，自无赘述的必要。所以在教授及训练的时候，教师务应首先顾及学生的个性。可是完全由个性的条件做实施教育的标准，也是不妥。譬如在选择教材的时候，教育只以个性做根据，在教育上总不能算是合理。为什么呢？因为一则教育于个性而外，还应以社会的条件做最高的准则，二则个性的不良的地方，教育且有改善的任务的缘故。唯就方法上而言，实施教授及训练的时候，倘用这一种个性的条件做根据，那末，所施教育的活动比较有效，这是极当然的。

第一章里也曾论过，同以实验心理学做根据来论个性的时候，学问家中也有主张于检查各个精神作用以后把各项的结果综合起来，才名之曰个性的。从这一种立足地讲来，儿童就可分为优等儿，普通儿，劣等儿，低能儿，精神病者等种类。而为分类起见，世人多采皮奈西蒙二氏的测验法(Binet-Simon Scale)及其他的精神检定法。但是这一种区别不是绝对的区别，不过是程度上的问题，所以处理个性的时候，教师非十分细心，往往有贻误人家子弟的危险。还有一层，教师遇优等儿的时候，未必一定以多使儿童多营精神作业为教育上唯一的原则。有时候，也有因为被教育者是优等儿，反应使这种儿童少营精神活动的必要。因为应使儿童营如何程度的作业这个问题，还应根据儿童的精神疲劳上的条件，不应单由智能上的优劣而决定。就比校劣等的儿童而论，为处置这类儿童起见，那末，如建设补助学校，添置特别学级，实施补习教授或特别教授，以及在席次排列上各种的设法，当然在教育上是极属必要的事。只要经济力所许，这种施设是不可忽略的。可是平常最应注意的，就是(1)不可把劣等儿看做病人一样，加以病人的待遇，(2)不可轻率地把普通儿速断做低能儿或劣等儿。这两种错误，在实际教育上实属常有，而对于该儿童的一生关系至大，所以做教师的应当格外留心。

第四章　个性及于教育效果的影响

教育的效果论以教育的可能做前提。所以教育果属可能与否，实为此地应当先决的问题。换言之，被教育者由教育的力量得以发展进步与否，实为教育学成立的根本准则。古今东西的教育者对于教育的可能都信而不疑，可是教育效果之有限制亦早为多数教育家所承认。在东方，孔子差不多认定用教育的力量可以使人人变成善人，然他于经验上亦知道个性的存在，并知教育效果之有定限。其他在孟子与荀子二人，他们关于人性的善恶，虽为两极端的反对派，然他们于论述教育的可能及限制，意见却是相差不远。

在欧罗巴的教育论里面，在十九世纪以前，差不多和东方的教育论一样，对于教育的力量信仰极厚。尤其是在于希腊时代苏格拉底(Socrates)由主知主义的立足点，已确信教育的可能。柏拉图(Plato)更进一步，承认个性的差异的方面，因信教育的效果大有限制。他以遗传说做根据，以著作国家论的一点，实可见他见地的卓拔。亚里士多德(Aristotle)与他的老师柏拉图抱同一的意见，而于论述教育效果之有限制一点，其说较柏拉图更为精详。

在罗马时代，帝政时代的教育界已认知教育力之有限界，及至古典时代，希腊民族的思潮传入罗马，库因铁良一出，居然把从前罗马所有的教育论加以总结。他以为儿童的大多数之能够理解和能够学习，正和鸟之能飞，马之能跑一样，是基于天赋的本性。儿童的精神的起源发于上天。儿童之中，愚钝不可教的为数实是极少。大多数的儿童总是可教，而效果所以不充分者，实由于教育的力量不足的缘故，绝不由于毕生缺乏学习的能力。

等到中世纪，原罪说一经提出，关于人性论的见解虽受影响而呈变动的倾向，但是教育家绝不否定教育的可能。

逮至文艺复兴，教育家中多承袭库因铁良的旧说，这就是意大利人文主义的一派。在于北欧德国的爱拉斯姆斯（Erasmus）为拉丁文艺复兴的大家。他说："人不是生就的，乃是造就的。"这一句话的意思实与教育万能相近。到十七、十八世纪，可说是教育万能说的全盛时期。洛克（Locke）、拉伊蒲湼支（Leibnitz）、排赛陀（Basedow）、康德（Kant）、海尔台尔（Herder）皆以为教育之力极大，差不多近于万能。这是因为启蒙时代的思潮是理性万能主义，当时的学问家都看人做一种理性体而信人的天赋为全智全能的缘故。

等到十九世纪，意志本位的哲学思潮风行一时，于是教育的可能在根本上被人们所怀疑。叔本华（Schopenhauer）就是一例。他以为人的本质是意志，人的意志的本性属于可想的世界。所以人人都各具有先天的个性。所谓教育不过在使知识的丰富，绝不能变更人的本性。所以人们所信以为由于后天的影响而生的变化，实不过是先天的倾向的整理和组织。要之，叔本华从哲学上的见地否定教育的可能，他所取的实是一种定命论。及至自然科学发达，遗传的研究已经进步，生理的遗传说盛极一时，于是扩充范围，精神界遗传的法则也被学问家所探究。一时，教育无效的学说也曾发现。优生学者也以为自然的力量比教育及环境都大，所以我们想改良人种，我们应得清源。同时，有一派的生物学家反对前说，以为暗示与模仿足以变更遗传。然而这一种争论在今日这样的学术，还是在于不能充分解决的时代。

总之，近今一般的学问家，从学术研究的立脚点，虽承认遗传的事实，然同时却绝不否认教育的可能，不但不会否认，他们反以为即在遗传范围之内，教育也未始绝对不可能呢。

第五章　个性差别的原因

此章有赖于舒新城君所译桑戴克之个性论
不少但亦不无改订之处

考察各人个性中极细小的特点，都有一种自然的原因，这是无可怀疑的。男之为男，女之为女，都有因由；而这些因由乃是实在的事实。人们所具的特殊个性绝不是由于神怪、妖异或偶然的机会所产生。每种心的特质大多是自然律的结果。倘若我们对于一切事实有充分的知识，那末，未来之结果如何，大体也可预为断定。

两性，人种，祖先，年龄，以及影响于人们的禀质上的环境势力，对于解说某人所以为某人的论证都有贡献。本章的目的就在研究这些要素所生之影响的重要事实。个性差别的原因大体有两性、人种、祖先、年龄及环境五种。现在分述于下。

第一节　两性的影响

向来对于两性的概念，以为男女是两种显然不同的人类，因此，彼此的待遇要有差异。近时关于两性智力与品性的差别，已略有科学的研究，从前那种传说的观念，也逐渐减去了。从另一方面讲，倘我们将原始的两性要素——直接与求婚、恋爱、生育、哺养有关的诸本能——丢开不算，一般男子与女子之差异较许多男子与男子之差异为小。

两性的特性，据现在研究所及的，都寻不出显然的鸿沟来。水平常所谓一般男女各自的特性往往相互错综，不易划定。有些女孩较男孩更好战争。有的男子较女子更爱儿童。在现在研究所及之大多数特性中，此种错综最极大。举例来说：普通的见解总以为男子的创造性，活动性，独立性，坦白性较大，女子的感情，修饰心，宗教心较大。这种差别在大多数的男女中固属如此；但据现在所知道的错综性，差不多一切女子的创造力比最缺创造性的男子强，或者有三分之一以上的女子，他们的创造力较中材的男子强。以最乏宗教心的女子与男子比，差不多一切男子的宗教心都比他们强，或者有将近三分之一之男子，其宗教心超过中材之女子。用间接的方法研究个性其结果不尽可靠。据黑曼(Heymans)等的研究，以为男子与女子之最大差异，男子的机械性及对事之兴味特强，女子的感情及对人之兴趣特强；可是此种差异实在不足轻重。至于其他较大的差异，列举起来，男子的个性动作较猛烈，好运动，好喧扰，独立性较强，对于细小的外界刺激，感觉性较弱，对于精细的事物，理会力较弱，色盲较多，记忆较慢，羞恶心忠实心较少，较为懒惰，好作技巧——精神的或身体的——的游戏，感情较弱，改革的热心力较少，忧郁时易复原状，冲动较少。但以男女为智力与品性的决定因子，未免把男女性过于重视；然这种观念所以竟流行于世者大概由于两种原因：第一关于男女禀质之著作物，大概研究男女间的定婚恋爱及抚育儿女。只就这些事实研究，两性实表示最大的精神差异。第二于求婚恋爱抚育儿女之外，常以两性间极优秀的代表互相比较。这种比较对于两性的全体是不平允的；因为男性的变度较多，所以在某种特性上中材男子劣于中材女子，而最好的男子反优于最好的女子。在学校及生活经验中之文学，音乐的能力，一般女子未见得劣于男子，但最大的成就还属男子。此外大科学家、诗人、图画家、音乐家多为男子，而最蠢之痴呆也多属男子。个性之差异源于两性者固大，但都不如平常所假定的那样大。

有许多特性实不为两性所影响。一性里面的变度也不见得比男女两性相互的变度小。

第二节　人种的影响

倘若我们把人种对于原始禀质所生之直接的效果与由各种教育所

生之间接的效果——天性与教育通常视为平行的——加以研究，并用百分率比较之，则人类中间可能寻出之差异率当以人种的为最大。即或把既往的事实丢开，而观察现代人类中间的差异，人种直接间接所产的影响也很大；因为现时的政府，商务，工业，婚姻，交际以至于其他文明生活，本能生活之各种风尚，无不与一个人所属的种族有关系。

就以近代的欧洲人，黑人为例：主要的差异第一是身体方面。黑人之受人轻视，不是由于他们的精神，是由于他们的身体。中国人初看欧洲人也好像洋鬼一样。总之，各种人种在身体上的差异，可说是极属明显的事实。

第二是精神方面。各种人种的衣服修饰，习惯，以及在风俗，礼仪中所表现的一切常态，都给人以一种人种精神根本不同的印象；但是此种印象往往与事实相差甚远。合理的研究应当注意于智力及品性的实在差异，夸张不可，偏执也是不可。进一步说：应当把人种差异及于原始禀质之直接效果，和与此效果相伴而行之各种文明或文化所生之间接的效果，详慎分划清楚。间接的效果属于环境差异的影响，这里略而不论。

假定集一百黑人、中国人、犹太人之婴儿于一处，饰以类似的衣服，抚育于同一环境之中，他们差异之量是否较一百纯粹的黑人或中国人的大？果然差异较大，大到什么程度？差异的情形怎样？这都是现在所要讨论的问题。这问题的答案可以指导人们废弃不当的偏见。可惜我们对于这重要的问题，尚无完全的答案。我们虽不是植物学专家，但对于植物要怎样灌溉培养，我们还多知道一些；至于人类天性的重要特性要怎样抚养教育，则所知很少。讲到各民族之各种遗传的详细情形，我们所知极少，或竟一无所知。现在只能将研究民族差异的学者应具之态度及研求真理的普通方法略加说明。

第一要注重的事实，是原始禀质中之民族差异不是纯粹的谬论。例如在纽约公立中学中，有色人种学生在智力上很可以代表一般黑种儿童与黑白杂种儿童。白种学生对于有色人种学生之任何优越性，差不多等于白种与黑种中间的差异。白种学生之学业实较黑种者为优。

而把环境的差异当作白种学生优越的原因，似乎很不正确。再以研究民族知识之他种测验为例，亦可证明前说。据胡特华(Woodworth)氏的研究，Negritos的最优分子与Pygmies中的名人，单就实在的智力考察起来，程度只及中材之欧洲人。

第二要注意的事，民族之智力由于种族的差异，虽然实有其事，但数量甚小。据胡特华氏的考察，欧洲人与印度人，美洲及北部人中间之差异很少。

这种学说似乎与历史上及近代所有之民族的论证不符；因为我们把民族的成就视为一种智力测验的时候，那末，实际上此说就难立足。可是测验民族的成就有两个重要前提：即民族团体之大小与民族间之交通。小民族的人民，其智力的中率虽与大民族相等，但极端变度——如赋有非常能力之人之产出等——之可能性较大民族为小。又孤独的民族因不能借助于其他民族的文化，亦失促进进步的利器。

第三项重要的事实，即是错综。一种民族的优越，并不是这民族的一切分子都优于其他民族的全体人民。这种情形事实上绝不会有的。就常情言，两民族的优劣情形有十分之九是错综的。即或一民族之中率较他民族之中率高百分之十，可是劣民族中仍可有一部分的人优于优民族中之最劣者，更可有一部分的人优于优民族中的中材。故以民族的优劣推想个人天性相互间的优劣实是极错的方法，因为在无论何种民族，先天个性的变度很大，不能用以为决定个人智愚的标准的缘故。

第三节　祖先的影响

在任何大团体——我们谓之种族——之中，人人都可在体质方面看见许多气质与支派之不同，故虽同属性，同种族，同教育之人，还是差异很大。智力与品性也是一样，也有同属性同种族的个人，特性的程度很有差异，有不能以所受的教育不同解释者。在遗传影响与环境影响之中，其真确的区分界线如何，正是现在争论的问题。以下将再述之；但详慎研究过这些事实的人都会承认遗传有些影响。精神的与德性的遗传由于近祖得来，是一种实在的事实。

个人从所发育的生殖细胞可以产出智力或品性的定形，现在姑称此生殖细胞的原素为此定形的“定素”(determiner)，同一个人的细胞，其定素有差异；种族同个人不同之细胞，差异较多，个人不同种族又不同之细胞差异更多。

追根说来，遗传是各细胞互相关系的事实。亲与子中间的差异是由于一个细胞所产生的多数细胞有变异的缘故。亲与子中间的类似是由那些多数细胞(由于一个细胞所产生的)变异的程度较由许多细胞所产生之多数细胞的变异程度小的缘故。

研究遗传应当由细胞所发育之个人的类似性与差异性上注意。所以智力遗传与德性遗传的研究，即是把有亲属关系的个人，比无亲属关系的个人，所具较大的类似性或较小的差异性，加以研究。

测验近祖对于个性的影响，与其测验无亲属关系者之较大差异性，毋宁把有亲属关系者之较大类似性加以测验，实例如下：以同人种同属性而非近亲之两人的均中类似性为零，以最高的类似性为 1。据胡支(Woods)之研究，父子之普通智力与道德性之类似量约 4。据皮亚辽(Pear-son)之研究，兄弟姊妹间之各种精神特质的类似约为 5。双生子之加乘能力，在文章中寻查错字的能力及其他精神测验的类似量约为 8。

有许多证据可以证明这些类似由于家庭教育之相同者甚微，但说来太长，以下略举一例以概其余。家庭教育常有影响及于儿童学习算术的加乘能力等，时间愈长影响理应愈大，但由九岁至十四岁的双生子，这种能力的类似却反比在幼时逐渐不相类似。寻查错字或说出意义相反之字的能力类似量也与加乘力的例一样。

总而言之，智力与道德的个性似乎大部分在细胞中既已决定，假定把一切人类都精确地施以同一的教育，精确地予以同一的影响，他们的差异还是很大。医药、卫生、教育及一切社会的势力都应顾到人之原始的差异。医药等的目的，工具，方法，应当谋适合多数禀质，不当只顾一种禀质。

第四节　年龄的影响

同一个人的精神的特质随年龄而不同，这是无可疑惑的。我们现在假定有两群儿童在各种影响上全属相同，但是一群年龄稍长，一群年龄较幼，那末，这两群儿童的中间，自然在个性上也免不了有差异的地方。这种差异可说是受年龄的影响而来的。

在研究儿童的心的差异上，最初的而且较有成绩的学问家要推格尔巴特(Gilbert)。他于1894年把所著《关于学量的身体及精神的发达上的研究》出版。他由发达的见地对六岁至十七岁的男女童，于身体的及精神的特质，施以多种数量的研究。他所研究的特质约略如下：

(一)重量识别的确度(筋肉感觉)

(二)色彩辨别的确度

(三)暗示的感受度

(四)有意的运动能力

(五)疲劳

(六)反应时间

(七)由辨别及选择而生的反应

他对于上述各项施行实验的结果作有详表，极有价值，惜乎现以篇幅关系不能转载。要之，个人的心的特质随年龄而有变化。这一件事，他的研究，于是更具科学的明证。

严密讲来，这种年龄的影响的研究极不容易，因为那时候我们非对于同一群的儿童加以继续的实验不可。可是为变通计，我们对于多数儿童试行心的实验，然后求得平均，以之作为标准，以定各种年龄精神的发达，也是未始不能。皮南西蒙二氏的“学校儿童智能测定研究法”等就是根据这种见解而成立的方法。

但细考儿童们之心的发达，进步的迟速绝非一致。优秀的儿童往往脱逸一般同年儿童的倾向，发挥卓异的智能同时，劣等的儿童却常在中心倾向的下位。换言之，“岁月年龄”未必能做人们智能的标准。所以在个性心理学里面，另立有一种“智能年龄”或“精神年龄”，而这种“智能年龄”与“岁月年龄”的比叫做“智能指数。”就“智能指数”而论，其数为一者，该儿童的智能适与年龄相应；其数愈在一以上，则该儿童的智能愈为优秀；其数愈在一以下，则该儿童的智能愈为低劣。依这一种研究，我们对于劣等儿童应讲施行特殊教授的方法，对于优秀儿童就应讲施行特别进级的方法。因此，桑戴克氏极反对专以年龄做基础的学级编制和教育法。他说，七岁的儿童里面能够做成二十岁的青年所不能成就的智的作业，也不为奇。他又根据格尔巴特的关于筋肉感觉所得的实验表说，十七岁的青年虽平均依五·八瓦的重量的差而行辨别，十岁的儿童虽平均依八·八瓦的差而行辨别，但是十岁的儿童里面也往往有依五·八瓦的差或其下的差而行辨别的。他的这种议论，确是合理。实际上，教育者对于这种优秀儿童真非另讲待遇的方法不可。

这样讲来，单随年龄而推定人们心意的发达程度，似难办到。可是大体看来，正如儿童与成人有明白的差别一样，人类随年龄而生身体上及精神上的变化，确是不可避免的事。因此，学问家往往把人生分为发育期（大约到二十五岁为止），成熟期（大约到四十五岁为止），老衰期（大约四十六岁以后），而在发育期中，多数的学问家大体又分为胎儿期（在胎内的时期），婴儿期（一岁至三岁左右），儿童期（三岁左右至十岁左右），少年期（十岁左右至十五六岁左右），青年期（十五六岁左右至二十五岁左右）；并以为各时期在精神上有多异的特色。儿童心理学就是根据这种见解以研究儿童精神作用的发达的学问，所以儿童心理学的研究，在一方面，是依据年龄的个性研究。教育者施行教育，务须理解儿童的心意，应儿童发达的阶段，加以教授，训练，养护等才好。

第五节　环境的影响

两性人种及近祖所赋予人的智力与品性，只算给以一种起点，使他从生活机遇中得普通教育，从自为为人的社会中得特殊的教育。有时这些环境的势力足以使人与俗俱化，把个性之棱角磨去而与他人类化；有时环境增加根本的差异而把人类禀质之变异量加多。个人因教养而有差别，其程度究竟如何，现在纵有所知，亦是很不确切的。此地只指明学者研究此项问题所应具的态度而已。

家庭，学校，书籍，朋友，政治状况，以及其他与此相类之种种差异足以使人之后天禀质的智力品性等有差异，是无疑义的。假定把两个同一原始禀质的人分开教养，一在公元前千九百年，一在公元后千九百年，或一在柏林，一在北京，结果，两人的后天性质一定大不相同。今日的日本人在原始禀质上或者差不多——或完全——与他们的祖先一致。其所以有种种差异的，应常归根于环境的影响。任何人的个性大部分为他的语言，职业，宗教，风俗，思想所决定，而语言等又大部分为他的教养所决定。

环境的影响常屈于两种重要的限制之下。第一种限制是说无论何种环境只要他的势力可以避免，其效果特少。例如中国从前初办学校，那时候纵使私塾与学校的比例率为百比一，但私塾的势力较以私塾为唯一的教育机关，受教育者均无所逃避的时候自然小多了。

倘若奴隶制是普遍的制度，就是生而公正讲人造的人也要把生于奴隶之家的婴儿的普通人权剥夺。倘若这种风俗在社会上一发生怀疑而竟被免除一部，那这一种风俗的效力也大大减小了。

因此，在饮料未发明以前，无论人的原始禀质怎样耽纵，总不能成为酒癖。但饮料发明以后，只要可以避免酒禁，则人嗜酒的行动仍然不肯中止。一个人具有嗜酒的禀赋，社会上由酒致贫的故事他可不听，禁酒的事实他不注意，箝制的势力，他不反应；只顺他内心的冲动寻求一醉之机会。

第二种限制是说环境影响的势力，因人而异，其结果由人之原始禀质与环境势力共同决定。就是某部分人对于某种环境势力的影响都不加避免，但影响所及之程度却是不一。为奴隶者未必都有奴隶性，更不能使之一律卑劣。不良的交际也可使一部分人之态度尊贵。在一人中引起某种势力或思想或习惯之适当的环境刺激，对于他人也许不能望其有一样的效果。倘通常所讲的下面的故事是真的，就是，在药店洗瓶子适能决定法拉德（Faraday）的一生事业，航行海外采集生物为达尔文成为自然科学家之要素，那末，但把世界上一切儿童送到药店去工作，或使作科学的旅行，其结果岂不是就有百万个法拉德及达尔文，或一百万个化学家与自然科学家出现于世上？但世上既没有这种事实，那环境影响之受人原始禀质之限制也就可知。

因为这两种限制的结果，所以同时代同社会的人虽互有差异，但找不出某种差异是明显由于环境影响而生的。大学问家不定是在大学造成的，有许多人受外界之引诱很少，而终成为酒徒。在某种程度中，每种禀质往往选择相当的环境；而每种禀质并可以于一种环境之中得不同的影响。所以在美国同年进学校之儿童，其相对的成就，大半与他们的原始能力与兴趣的关系较密，与家庭及社会环境的关系较少。

第六章　正常儿的个性

我们在第五章里，由两性、人种、祖先、年龄及环境五大原因，说明个人的差异所以发生的缘由。现在更从精神作用的各方面论述事实上个性的差异。个性的区别虽有种种，我们现在于论述之前，先分儿童为正常儿和异常儿两大类，再把正常儿从知、情、意三方面研究精神的差异。而下节先论知的作用上的个性。

第一节　知的作用上的个性

古来议论个性往往用性格，气质，才能等字样；而性格似指意志作用上个人的特性，气质似指感情作用上个人的特性，才能似指知的作用上个人的特性。

人类的知的作用可分为想像及理解两方面。前者更可分为直觉的和结合的二属性；后者更可分为归纳的和演绎的两属性。而由此四属性的组合所生的心的素质就为知的作用的个性——才能。所以才能大体有下列四种。

		理解	
		归纳的	演绎的
想像	直观的	观察的才能	分析的才能
	结合的	发明的才能	思索的才能

具有观察的才能的人们，因为长于直观的想像和归纳的思考，所

以适于实行的事业。自然研究者，实验心理学者，教育学者，不消说得；诗人把捉人生的真髓，在自我的作品上予以生命，造形美术家及演剧艺术家描写活泼泼的形象，这都非有赖这一种观察的才能不可。

具有发明的才能的人们，因为长于结合的想像与归纳的思考，所以适于做技师，工业家，科学上的发明家及发现家。此外，如诗人及艺术家的构成能力亦有赖于这种才能。

具有分析的才能的人们，因为长于直观的想像与演绎的思考，所以适于做组织的自然研究者，生物学的形态学的分类学者及几何学者等。而大体言之，几何学者在演绎方面有特长，博物学者在直观方面有特长。

具有思索的才能的人们，因为兼备结合的想像和演绎的思考，所以适于做哲学者。而就中，哲学者长于结合的想像，数学者长于演绎的理解。

以上四种的才能在个人中间不能划然分别。有的人一面是观察的，而他面却是分析的。更有的人一面是发明的，而其他面却是思索的。可是据学问家的研究，大多以为对角线的结合——就是发明的兼分析的，或观察的兼思索的——煞是稀有。平常在普通的人们，这种区别虽不十分明白，但各人总有各人的倾向，这种倾向由各人的反省或他人的观察总可以知道几分的。至于天才，因为他不拘社会的及家庭的事情往往依自身先天的要求勇往直前，所以对于自己的才能或更无反省的必要，然在常人，那末，当决定自我的将来的时候，对于自己的个性，自然应当仔细反省，慎重斟酌。

上述的分类极为组织，概括，可是个性既为个人的特色，那末，再把知的活动就各方面分析考察，则更有多方面的特色可以发现，事属当然。例如就感觉而论，在视觉上，有视力的强弱，有盲人，有色盲。色盲之中，又有全色盲，有不能看出红色和绿色的红绿盲等的部分色盲。这是普通一般所习知的。不但如此，在区别色的种类和浓淡的能力上，自然又有强弱在这上面，个性的特性也未始不曾发现。若在听觉，极端的就为聋子，其他则于辨别音的高低和强弱上也有个人的差异。在于触觉，则有锐钝之差，盲人的触觉真是灵敏，比常人发达得多。在味觉及嗅觉颇有赖于平日的修养，如酒的鉴赏家长于味觉，药味香水的鉴赏家长于嗅觉。总之，在无论何种感觉，各人都有各人的差异，这是实验心理学的研究所指导我们，实无容疑的余地的。

在注意作用，儿童则倾向于感觉的注意及无意的注意，成人则倾向于智力的注意及有意的注意，这是一般心理学上的通论。可是在成人之中，也未始绝无倾向于无意的注意及有意的注意的，因此，一概用长幼来立分别，又见得不是全系正当。此外，关于注意作用，有的人们对于范围较狭的事物能营继续的注意，有的人们却对于范围较广的事物能营迅速的注意。前者适于做学问家，后者适于做事务家。

在于反应时间有快而规则的人们，有迟而规则的人们，有快而不规则的人们，有迟而不规则的人们四种。克雷配林把(1)心的作业的速度，(2)练习能力，(3)练习固执，(4)特殊记忆，(5)感受性，(6)疲劳，(7)恢复能力，(8)睡眠状态，(9)注意转向，(10)惯习能力十项用实验的方法研究个人的差异，以行个性的分类。他在第一项中，虽不是专施纯粹的反应时间的测定，但他也曾由知觉刺激的速度，观念再生及观念联合的速度，意志作用发动的速度等来测定个性，而这种精神作用却可说都是在反应时间测验中时时现出的复杂的精神作用，并且在日常生活中极属重要而且是随个人的不同的。

个人的差异中在教育上特为重要的是在于记忆及想像上的型。我们把曾经见过的梅花用记忆回想的时候，我们往往能够把当时梅花的色彩和形状，浮到意识上面。这种形像在心理学上叫做心像。由视觉而得的心像叫做视觉心像。所以我们由嗅觉心像可以想到花的香气，由听觉心像可以想出爆竹的音声。其他如接触桌面时的感觉，游泳时手足的运动感觉等，虽随人或有锐钝的差别，然都一一能由心像浮到意识上面。可是，回想这种心像的时候，随心像的种类，在锐钝的程度上，有极著明的个人差别。再有一种人，视觉心像虽能明了活泼地浮到意识上面，然而其他的心像则不甚明白。这一种人通常叫做视觉型的人。又有一种人，听觉心像发现极显。这一种人通常叫做听觉型的人。又有一种人，运动感觉心像就是由筋肉，关节，腱等而生的心像，发现极明。这一种人通常叫做运动感觉型的人。在小说家和画家，以视觉型的人们居多数。在音乐家，以听觉型的人们居多数。在雕刻家，以运动感觉型的人们居多数。这样看来，发现于记忆及想像，上面的心像，单单限于天才，极为显著；那末，试问在普通的人们难道没有这些型么？实际讲来，在普通的人们，也有多少的偏向。即在小学校的儿童，有属于视觉型的，有属于听觉型的，有属于运动感觉型的。所以教师教授的时候，不可不于儿童的观念型加以留意。不但如是，就在教师，教师也各有各的型。倘使教师只于自己特有的观念型任意发挥，那末，与教师有同一的观念型的儿童自然成绩良好，而且有他种观念型的学生，在不知不觉的中间，受了教师的牵制，乃依天性上不利的观念型从事于记忆想像，于是遂成极不自然的发达。当然，儿童在固有型以外，也有练习他种型的必要，然在他方，使儿童发挥儿童独得的观念型是极属必要的。

以上所述为关于事物的观念型。现在更就言语论之人们于记忆言语的时候，有依视觉心像而记忆者，有依发音而记忆者，有依运动的感觉而记忆者。而关于事物的型却与关于言语的型未必一致，因为儿童于记忆新出言语的时候，无意识地在桌面写画的缘故，我们不能速断该儿童即属于运动感觉型。事物型是内容问题，而言语型是形式问题。

上述的视觉型，听觉型及运动感觉型三者当然由各人所有主要心像的种类而定名，无论何人，绝无只有单独某一种心像者。在多数人，往往有对于三种心像平均发达；而于三者之任何一种不偏不倚者，这一种人通常叫做混合型或不定型的人。倘使我们再于记忆及想像上的观念型加以精详的考察，那末，于以上各种型外，更可有视觉听觉型，听觉运动感觉型等。

通观上面所述，知的作用上的个人的特质极为复杂，所以欲营简明的分类到底是不可能。教育者务应仔细观察实验儿童的心的特质，以行适当的教授和训练才行。

第二节　情的作用上的个性

情的方面的个人的特性叫做气质。气质即英文之 temperament，拉丁文的 tempero 为其语源，具混合的意义。考其由来，起于希腊。公元前五世纪，希腊的名医黑破克拉底斯固信液体病理说，以为人体的健康乃由人体内四种的基本的液体，即血液，黏液，胆汁及黑胆汁相互间的调和而保持；倘里面任何一种不保均衡的时候，那末，人体就发生疾病了。

这一说在公元二世纪的时候，被罗马名医臡雷奴斯所述。他更敷衍之，应用之于心理范围以内。他以富于血液者定名曰多血质，富于胆汁者名之曰胆汁质，富于黏液者名之曰黏液质，富于黑胆汁者名之曰忧郁质。由四种液体的混合分量的多少而生四种的气质。这种生理的根据，在今日看来，当然是一种极明白的错误，谁也不信此说；可是这四类的区别似乎在实际上颇有应用的价值，所以后来学者也往往采用这种分类法以辨别个人的气质。然则四种气质各自的特色究竟怎样？一般讲来，在多血质，感情常常快活，举动极为活泼。然他的缺点在于缺乏忍耐力，容易流于轻佻浮薄。俗语所称才子一派可说是属于这一类。依心理学家的研究，女子比较男子，倾向于多血质。胆汁质比多血质态度沉着，忍耐力极强，且有自信。胆汁质的人们一旦决心去做的事，务必贯彻到底。同时，这一种人易于愤怒，看不起人，容易流于骄傲不逊；世人所称豪杰气质就是这类。忧郁质为悲观的。感情难于变化。决断力虽少，但富于智力及想像力，天才的人物往往由此而出；俗人所谓天才，学者，诗人气质就属这类。黏液质则感情的变化极少，且难以愤激。所以举动极为沉静，对于利害得失顾虑极周，可是有放弃实行的短处。因此，卑屈，无生气等点都是这一种黏液质的人们的缺点。这四种人们从外貌看来，则多血质血色最好，胆汁质体貌顽健，忧郁质体格瘦弱，黏液质脂肪多而面色苍白。

以上把四种气质依通俗的见解，略述大概；可是上述区别的标准总觉未免笼统。因此，许多学问家都用科学的方法精细研究，加以比较精密的条件。如德国的康德，希拉爱马海(Schlei. ermacher)，海尔巴脱及大心理学家胡思特(Wundt)，实验教育学者墨伊曼(Meumann)都于气质发表有相当的意见，而就中以胡恩特和墨伊曼二氏的见解最称精当。分述于下：

胡恩特以为气质纯粹根基于感情的个人的差异。他依感情的强弱和感情变化的快慢(就是同一感情状态继续时间的长短)把气质分成各类。就中，对于刺激易起强烈的感情的胆汁质和忧郁质有不快的感情的素性，所以具这一类气质的人们多抱悲观，往往有厌世的倾向。他们多以人生苦多于乐，常常不满于生活。如叔本华等就是其例。反之，感受性较弱的多血质和黏液质一般偏向乐观，往往享乐人生，满意于现实生活上的幸福。又感情变化较速的胆汁质和多血质当然对于现在的印象易于留心，感情往往为新观念所规定，不绝地受周围事情的影响。反之，感情变化较缓的忧郁质和黏液质，则对于将来，分外注意，绝不以偶然的刺激搅乱自己的思想，完全能够独立地营冷静的思索。胡思特的分类，表示起来，约如下表：

	快	慢
强	胆汁质	忧郁质
弱	多血质	黏液质

再就墨伊曼的主张一言。墨伊曼会经选定感情的性质(快与不快)，兴奋(轻重)，强度(大小)，发现样式(发动的与受动的)四种要素，使相结合，而把气质共分做十二类。大略如下表。

感情的性质	感情的兴奋		感情的强度与持续度		感情发现的样式	
	轻	重	小	大	发动的	受动的
快	多血质的	黏液质的	轻快的	快阔宽容	奋斗的	享乐的
不快	胆汁质的	神经质的	涩滞的	遇事认真	阴郁的	失意的

墨伊曼的所说虽较胡思特的为详，然普通所通用总以四类气质说为广。所谓四种气质随年龄而不同，也会生多少的差别。有一帮学问家以为少年与多血质相当，青年与黑胆汁质相当，壮年与胆汁质相当，老年与黏液质相当。其说也具一理。又就个人而论，气质虽随年龄而变更，但某种气质比较在长年月的中间继续支配也属实际的现象。

据洛采的意见，气质绝非绝对不能变更的东西，人们用教育或修养也得多少变革天生的气质。从这一点讲来，那末，人们最好把气质改善到适当的性质，就是人们最好把人们的气质取长舍短地切实革新一下。在理想上，我们遇琐小的悲喜事件，最好取多血质的长所，对于他人多表同情；遇到庄重的大事的时候，最好取忧郁质的长所，态度务求沉静；遇到自国的权利被人侵蚀的时候，最好具易发义愤的胆汁质；遇到经营事业的时候，最好有黏液质的不屈不挠的精神，坚持到底。关于这几类的气质，普通的儿童虽大抵具有二三气质的混合，绝无单具某一种气质之理；然教育者对于儿童的气质，务应精详观察，采长补短，以举训练的实绩，才好。

第三节　意的作用上的个性

意志方面的个人的特性叫做性格。性格固与气质相互有密切的关系，所以二者往往用于同一意义上面。可是气质为不随意的，冲动的感情之表现，而性格为有思虑，有主义的意志动作，所以严密言之，当然应有重大的区别。然在其他方面，意志的起源既是感情，那末，具感情的素质的气质足以规定具意志的素质的性格自不待言。反之，性格规定气质却是稀有，却是不自然。而性格为完成的一体，要想把它像气质一样，分成若干对立的根本性质实难办到。又性格具有多方面，所以随判断者的立足地的如何，因之所定性格的性质大有差异，所以一概论列颇属困难。现在姑且由两种见地分类言之，一是量的见解，一是质的见解。

（一）量的见解。我们对于动机常常统一，动机相互之间没有矛盾冲突的人们名之曰有性格的人们。反之，与这一种固定的性格相对，像一般年少者一样，动机时常动摇，动作无一定主义或方针的人们，我们称之曰有动摇的性格的人们。这一种动摇的性格不能算做真正的性格。不过少年的动摇的性格，随年龄的长进，往往逐渐固定，而怎样固定，又因人而各异。因之，各人的性格实足以表示各人个性的一部。

(二)质的见解。质的见解普遍极为通行。譬如我们平常说，某人有善良的性格，某人有恶劣的性格；这时候，所谓善良恶劣都不外乎是性质上的问题。而性格善恶的区别往往由动机及动作的善良与否而决定。这样讲来，从性质上规定动机的价值，这实是伦理学上的见解，绝非心理学上的见解。照这种伦理上的见解，性格可分为真实，不真实，公明，不公明，忠诚，不忠诚等种种对立的根本性质。在这时候的性格通常叫做品性。

所以从教育上讲，教育者对于儿童，应该把动摇的性格陶冶成固定的性格，把不良的性格涵养成善良的性格，以使儿童的性格与气质才能二者同时并进，以成完全的人格。

第七章　异常儿的个性

第一节　异常儿的静学的研究

我们会把儿童的个性先大别做正常儿和异常儿二种，而在前章已把正常儿在知，情，意三方面的个性论述大略；所以我们现在更进而论异常儿的个性。

异常儿的里面包括白痴，轻症痴呆，低能等有智能的缺陷的儿童与其他不良儿等有道德的缺陷的儿童。此外，异常儿的中间，天才儿亦被含在内。总之，广义讲起来，除普通儿童以外，其他一切如优等儿童，劣等儿童等都可归入异常儿童的范围中间。可是，上面所述不过是概念上的区别，在实际上，这种区别极不明白。因为这一种区别完全不是性质上的差异，实在不过是程度上的不同，所以随标准的尺度而所指的对象的内容也就大相悬殊。不但如此，在所谓天才儿的中间，往往有早熟早萎的儿童，同时，在所谓劣等儿的中间，往往有发达缓慢，“大器晚成”的儿童。因为这个缘故，异常儿的静学的研究既应慎重精密，而从发达上的见地，更应营所谓动学的研究，以免教育上重大的错误。

统计地把多数儿童调查以后画一分布曲线的时候，那末，最上端有天才儿，最下端有白痴。这两者的数目大体相同，而同是极为少数。又在色觉，记忆，自制，道德，意识及一般的智能上称为能力薄弱或低能的儿童的数目则比天才与白痴稍为多数，其数大约与有特别才能的优等儿之数相均衡。所以就一般智能的区别而论，分布曲线的最下端为由医学上的诊断而制定的白痴，其次为轻症痴呆，其数稍多。照分布曲线看来，低能儿的数目的位置大体在曲线的中央。若就德性的区别而言，那末，最下端为悖德的狂儿。倘把心的特质再加以分别，例如分为缀法学习的能力，读法学习的能力，音乐的能力，记忆等而施行检查的时候，那其时当然也各有各的段阶。与在一般智能上一样，在各种特殊的能力上，也往往有能力薄弱或低能的儿童，自不消说。

教育活动上所用的方法及所致的效果等，依各被教育者的能力而生差异，自属事理所当然。倘世间的教育家误信用同样的教育方法可以使天才及白痴有同样的发达，那末，这种教育家可说是没有教育学上的常识，他所施的教育必不能满足他的奢望。在于今日，对于白痴及轻症痴呆及低能儿，文明国家大多有特别的教育机关陶冶他们，他们往往不与普通的儿童同在普通的学校享受普通的教育。德国里面，有一种补助学校(Hilfsschule)专为白痴，轻症痴呆，及低能儿而设，而尤注重于低能儿；校内所授为手工等功课，专重触觉及运动感觉的练习，其他学科多不教授。又在美国，如斯汤雷·好尔(Stanley Hall)氏等所倡的低能儿学校等特种教育施设，现在极为发达。而在其他方面，普通学校里面，也往往另设特别学级，专收低能儿以实施特殊教育。例如在德国的孟哈伊姆(Manheim)，小学校特设特别学级，对劣等儿及进步迟缓的儿童授施特别的教育；又如在日本的明石师范学校及奈良女子高等师范学校的附属小学校中所施的分团式教授(groupteaching)也是含有同一的目的。又道德上有缺陷的儿童，在于美国，也有收受于特别学级者。至于富庶人家的子弟而品性不良的时候，那末，多受特别的私立学校或受家庭教师的训导。所谓感化院的设施遍国皆有，对于极端优秀的儿童，在美国，又设有特别升级的制度，然此外没有另设特种的学校机关。日本在成蹊学校会经采行这一种特别升级制度，成绩极好。

欲把普通儿以上及以下的儿童——就是上自天才儿，优等儿，下至劣等儿，低能儿等——处理适当，那末，应注意下述的各项：

(一)我们对儿童的心的特质，应有辨别的能力，以确定何种特质应当助长，何种特质应当排除。

（二）我们对各人在心的特质上所占的地位，应考察原因的所在；换言之，关于原因应有精密的知识。

（三）我们为简便地发现各人在心的特质上所占的地位起见，应找寻适当的征候。

（四）我们对于足以使儿童的精神状态低下或增高的各种教育的，卫生的及医学的原因，应有相当的知识。内又可分下列各项：

（a）规定个人智能状态的素质程度的研究及由病症，意外及不良教育等而起的儿童智能低落问题的研究。

（b）极端的智能低下者在身体上及精神上的各项征候的研究。

（c）使儿童精神状态向上的各项影响，如气候，食物，外科手术，药剂，学业，手工及模范等的研究。

此外，在白痴，轻症痴呆及低能儿的时候，教员应做精神病学及医学的研究。

现在由静的方面看来，姑且把异常儿分为精神高格儿童，精神低格儿童及道德的异常儿三项。一一略述如下：

Ⅰ．精神高格儿童

在无论何种心的特质或其所结合的特质中间，有特别优秀儿童的存在，自属明显的事实；而优秀的程度逐渐增高，那末，儿童的人数就未免逐渐减少，所谓天才实在世上不易多见。决定优秀儿的精神上的特质，列举起来，大约如下。

（1）智能全体 （2）精神作用的均衡 （3）能率 （4）精力 （5）精神过程的速度 （6）精神过程的广泛 （7）精神过程的程度 （8）抽象能力 （9）记忆的持久 （10）数学的能力 （11）音乐的能力 （12）绘画的能力 （13）机械的洞察力 （14）着实 （15）勇气 （16）社交的 （17）注意的优秀 （18）热心

特别优秀的儿童在上列各项性质，都占优越的地位；平常的儿童到底是望尘莫及。有时候，固然也有本来劣等的性质一时能变成优秀的性质；然考其原因，这是多因该儿童集注全精力于这一种事情的缘故。平常的儿童要想在全数上列诸性质上占最优等的地位是不可能的。

欲知优等儿的征候，非把儿童的心的特质依心理学的方法测定一下不行；可是这种测定，与学校儿童的作文能力，科学者的学识，战争中军人的功勋，演说者的雄辩等的测定不同，实在非常困难。由儿童现在及过去的征候，来测定儿童的将来；或由特殊的现象，来判断一般的能力；那末，往往易失真实，缺精确。所以教育家务应避草率的推测，宜实施相当的精神检查和实行不断的观察。

对于优秀儿童，要想助长他们的能力，那末，助长的方法应与对平常的儿童所施的方法有别，事属当然；而这一种特殊方法的确定，为求得良好的效果起见，自非有赖于实验的研究不可。

Ⅱ. 精神低格儿童

当我们画一心的特质的分布曲线的时候，从来合于最下端的研究，未被十分注意。我们倘只以小学校儿童做被验者，求实验及研究的时候，那末我们断不能得到这一种最下端的精神缺陷者。一般，在智能上有缺陷的儿童多在家庭，或入特殊学校；在道德上有缺陷的儿童多被感化院所收容。其他像懒惰的儿童，窃盗，赌博的儿童等往往多在私立学校或家庭教师之下，受特种的训导。在社会上，记忆，抽象作用，精神统一方面一有缺陷，往往有由学校退出的倾向。所以分布曲线不示最下端儿童。实际在精神上有缺陷者，往往不能得良好的环境，因之，这一帮精神低格儿童，往往有愈趋愈低的倾向，他们的境遇煞是可怜。还有一层，他们即幸而得受相当的教育，然他们因教育而改善的程度，也极有限。如就身体上的实例而论，有健全的眼的人们固然有变成盲目的实例，而由盲目全愈者实是少见。精神上的缺陷也是一样。近来为预防这一种先天的不幸起见，所以有优生学的提倡和鼓吹，而为救济当今的不幸的精神低格儿童起见，所以有改良环境的主张。

精神低格儿童的特色，列举起来，大约如下：

(1)注意力的缺损　(2)神经系统的运动障碍　(3)某种特质的极端的缺陷，例如残忍，或所有本能的偏重。　(4)琐碎的自动运动，例如舔手等。　(5)病的及不紧要的冲动，例如把手接触大街上的树木等。　(6)拜物狂，例如对于红的破布有异常的爱嗜等。

教师及心理学者，对于处置心的缺陷，应与教师协同设法。原因，征候及矫正等对于身体的异常都有密切的关系。在成绩不良的儿童，往往多不消化症，蓄脓症，鼻孔的障碍，以及咽喉的障碍等，为一般所皆知的事实。感化院中所收容的不良少年，多有鼻及咽喉上的障碍。又在读书及作文能力上有缺损的儿童，有网膜的障碍者不少，这实是极可注目的事实。

一般智能上有缺陷的儿童，就是低能儿，轻症痴呆及白痴等的心理的研究为多数学者所试行。就中的主要问题是(1)分类，(2)病因，(3)征候及(4)处置方法。

就(1)分类而论，有多种的分类法，此地不能一一叙述。其中，桑戴克以为最根本，最必要的分类条件是：

第一，精神低格者的素质(就是先天的知能阶段)的检查。

第二，偶然的事件或疾病，使他们在分布曲线上地位低下的程度的检查。

在第一项，随儿童知识的发达，可由儿童极幼小的时代开始，即可判断。就中对于先天的低格者，医学的处置比教育及卫生的处置更为重要，且效果极无把握在第二项，医学的，尤其是外科手术，能够治疗。教育的活动不及医术。要之，第一项下的一般儿童需要心理学者及特殊学校；第二项下的儿童需要医师及病院。

就(2)病因而论，最应考虑的，就是低能儿的里面有先天的和一时的二种。前者在一生之中只得永久做低能儿。后者不过精神发达较为迟缓，等到后年，能进步到相当的地位。在身体发达上面，也往往有这种现象，例如从六岁起到十二岁止，某儿的身长比同年者矮得不少，但到后来，竟能发育完全，长得与常人同高。在心的发达，情形正是一样。先天的低能儿与一时的低能儿，无论在理论上，还是在实际上，都应异其处置或待遇。在小学校中，往往一遇到劣等儿，教师即速断为先天的低能儿，以为教育对这一儿童已无效果，这种贻误子弟的事实务应切实除去才是。

就(3)征候而论教师应施客观的实验；行精确的数量上的测定。果能如是，那末，比从来暧昧的研究和笼统的说明自能收较大的效果。

就(4)教育的处置方法而论，最重要的手段就是如下：

(a)动物界全体的通性往往无意识地对于能生快感的反应选择而学习，同时对于能生苦痛的反应排除而不学。因此，教师对于低能儿，倘依说明，观察及其他一般原理不能使之学习两收教育效果的时候，那末，教师可应用这个原理施行教育。

(b)个人的心的能力愈低，则由反应而引起的快感与苦痛，发现愈快。

(c)印象与简明的身体运动二者的结合，比印象与观念或常和观念并生的颜面，咽喉及身体筋肉的复杂运动的结合较为容易。所以在后一种结合不可能的儿童，教师应当应用前一种标式的结合。幼稚园及一般精神低格者的教育应当注重手工，正是为此。

(d)精神低格者往往其神经系统的作用比较迟钝，所以刺激过于急速，那末，刺激相互之间易起混杂。因此，对于这种儿童，教师应当把同一刺激在比较长久的时间再三反复，然后再行继续地把别的刺激加于儿童。

(e)在精神低格者，注意的范围极为狭窄。又想把注意从一问题转到别一问题，然后再把注意归到旧的问题的这件事是极属困难。所以教师务必在一时的中间只可教授少许的事实，就是换言之，务必应该用简明的文章，徐徐施教。

(f)关系的知识(就是一般抽象概念的理解)是精神低格儿童所不能理解的。所以虽是教师反复教授，也是无益。教授这种概念，在精神低格儿童的教育上，是不经济的。同时，在其他方面，感觉的训练，实物教授及具体的作业都是必要。

(g)暗示在低能儿也属必要。待遇低能儿，在可能范围内，务应取与待遇正常儿童同一的办法，以期渐渐地引导他们也归于正常。所以低能儿也应通学，也应列席宴会，也应担任事务，也应参与旅行。待遇过于差别，对低能儿的前途，绝无良好的倾向。

Ⅲ. 道德的异常儿

关于道德的缺陷的现象，其主要的原因及其附带原因等项，以精确的研究做基础的结论，差不多是没有。一般所认为真理的只有下列一件，就是说，凡道德的缺陷其原因最为繁多，所以在其间想求完全的相互关系，实在是办不到。在道德的缺陷的现象之中，虽有如残忍，诈伪，骄傲，激烈，无责任，无廉耻等种种极端的不道德，但在其他方面，无论男童，无论女孩，往往有只对一事而抱道德的缺陷者。而此外更有具备各种恶性的悖德的狂儿。道德的缺陷这样看来，也有程度的差别。至于某种缺陷则相互的关系颇为密切，例如激烈与残忍，无责任与无廉耻等，往往有连带发现的关系。道德的异常儿的中间，当然以悖德的狂儿为最下的极端。除这种极端坏的异常儿而外，现在把一般道德的缺陷分别列举起来，大略如下。

(1)兽欲的，极端偏向动物性者，就是，有残忍，性欲的饥渴，愤怒，贪鄙，恶意等种种劣性者。

(2)极端傲慢，缺乏评价他人的感情和权利的能力者。

(3)极端地缺乏自制力，易受诱惑，易于号哭愤，怒爱恶无常，难以置信，且有无责任的倾向者。这一种儿童，与其说是由于先天不良的冲动，毋宁说是由于习惯的不良。

(4)有一种或二种以上的不道德的病的冲动者。

原来，儿童富于残忍性乃儿童心理学的通论。儿童在日常，即不做极残酷的事，然破坏撕裂极所喜欢。又儿童虽非极端地不从顺，然往往喜出外游戏。此外又有在平日性质虽属正直，然一时有做窃盗的行动者，有好放火者，有性欲的滥淫者。

上述各种标式不过是个大概，要想严密依据，当然不可。儿童中间有兼备二种标式以上者，也有在二种标式的中间者。此外更有各种的标式。

残忍，自夸，道德的不安定等，乃为由本性及训练而生的结果。第一，残忍是起因于本性的，可是训练不当，那末，这种性情愈下愈甚；反之，倘训练得宜，那末，程度就会轻减。第二，自夸(即骄傲)由于同情心的缺乏，起因于父母后天的教养太宽。这种儿童往往不能想像他人的苦痛。第三，道德的不安定的现象乃为精神薄弱，心情不定的父母所养成。此外，又有不受环境的影响，而先天地具道德的缺陷者也是不少。

一般有道德的缺陷的儿童，往往以具备劣等的智能做他的附带条件。有一部分的心理学家说，智能与性格的相关系数为0.5。例如妄自尊大的儿童，往往是思虑不周，这就是其明证。而有道德的缺陷的儿童，在身体上，也往往有各种缺陷，而在神经系统上的缺陷尤为时有的并行现象。

第二节　异常儿的动学的研究

早熟，发达迟滞及发达停止，从来并无严密的解释。可是我们倘对于依据年龄的精神发达上之基本的标准，加以确定，那末，我们未始不能够分量地测定各个人发达的程度。在实际生活上，推定儿童的早熟，发达迟滞及发达停止的时候，并不根据这一种科学的研究，不过看儿童的年龄和智能，随便与一般儿童比较，笼统地下一种判断罢了。这一种判断没有多大价值，自不待言。

Ⅰ. 早熟儿童

照医学家的意见，幼年早行发达的儿童，往往后来陷到悲惨的结果；而最初望尘莫及的众儿童后来竟会凌驾直上。在身体上，是如此，在精神上，也是如此。可是桑戴克反对这一种学说，以为过于浅薄，并主张幼时的优越就是前途多望的预言。依爱理斯(Ellis)的研究，完成大业的男女在儿童期与平常迟钝无力的人们相较，大多早熟。现在照所得的资料，有卓越的能力的人们，在幼时唯一的特色，就是早熟一件事。所以由此推想，将来能够发挥优秀的能力的儿童的特色是：(一)他们对于在学校中学习的普通问题，应有特别理解的能力；(二)话虽如此，他们因为专攻自己所好的学问，往往一般的成绩未见得大好；(三)幼时用腕力在朋友中占得优势，他们在幼时虽在游戏的活动力或残忍等项呈示特色，但早晚能转腕力的优势而为智力的优势。又谓，据一千零三十名伟人的传记，其中二百九十二人像早熟，只有四十四人全不早熟。而其余则属前述的第二项。又有名的艺术家六十四人中，四十人为艺术上的早熟者，只有四人全无早熟的倾向，这是传记学家所传的消息。桑戴克对于爱理斯此论，当然赞同，而且他把反对说摄为三类，一一辩驳。现在摘录大要如下：

（一）医者往往说，幼年优越的儿童常常遭遇身体上及精神上的破坏，极为悲惨。这个议论是片面的。为什么呢？因为这种悲惨的结果在劣等儿童中何尝没有？不过前者更值得我们的怜悯和爱惜罢了。单顾优秀儿的将来的悲惨，而忘劣等儿的将来的悲惨，是不当的。

（二）对于年长者所取的各项问题，幼时即抱兴味，固然是早熟的头脑的征候，例如关于性的问题，神学上的问题，成人的社会关系等的知识，儿童都想染指。可是这种现象实在是病的现象，同时，儿童的心的组织，往往因此不能确实，所以这实可说是不幸的征候。这种病的早熟实在是未足取。唯世人以这种病的早熟的有害，因而抹视一切有价值的早熟，确是妄断。

（三）关于儿童的早熟，医师往往误听儿童父母的言辞。但是儿童父母所谓早熟，不外乎是不客气，多话，小聪明，无礼等事项。这些事项，实在是证明劣等的事实。静肃的儿童对于有价值的事情虽加思索，而对于发言则绝不轻易从事。

Ⅱ. **发达迟滞儿童**

关于发达迟滞儿童的量的研究，从来无试行者。本段只论心的特质的发达迟滞，在教育上绝非绝望。心的发育的缓慢，一般讲来，固属可忧的现象。在多数的时所，天赋能力的低格及最后功绩的恶劣实有相关的关系。可是在某种时所，却也有其初心的发达较别人迟缓的儿童，等到后来，反而凌驾一般者。如前面所述，某一儿童在十二岁至十四岁的中间，身长较一般儿童为小，等到后年，反而长得较常人为高，在身体上既是如此，在精神上也是一样。这一层教育者务应留意。

这种事实有力的根据，就是(1)优等人种成熟的迟缓，及(2)有天才者在学校往往成绩不良的二项。所以关于心的发达的迟滞，我们对于何者是全然无能力的儿童，何者是将来有望的儿童，应当辨别清楚。

因此，区别先天的无能力及一时发达迟滞的检查法，在教育实际，有极大的价值。由这种方法，我们可以不把后者误看做前者，免得有不正当的失望同时，我们又可以不把前者误当做后者，免得有空幻的奢望。桑戴克所推荐的这一种的检查法大略如下。

(A)以成熟的试验为主运动的统一(打叩的速度，十字架制造的速度，迷路实验)，互无关系的单语的记忆，绘画形状的记忆，知觉(A检查法 a——t检查法，几何形态描写实验)，感觉的辨别力的确度(长及重)。

(B)以智能的试验为主。论理的记忆(合有关系的，系统的议论的文章的暗记)，制约的联想(字母实验及容易的反对语实验)，关系的认识(填充下列文章的空隙)。In everything that we do……need……be both quick……careful……we are……quick we do not get much done. ……we……careful we do not do our wor work……Well……others. It is to tobe careful……than to be quick……the best worker……the one……can do……things……do……well. ……we can not all be the best, we can……improve.

某一儿童在学校成绩不良的时候，教师可施上述的实验，然后把实验所得的结果与该儿童同年同性的多数被验者的成绩的中间位(标准成绩)相较，以定该儿童的地位。倘该儿童在A实验地位较中间位为低，在B实验地位较中间位为高，那末，该儿童将来大有晚成的希望。反之，倘该儿童在A实验，地位高，而在B实验，地位反低的时候，那末，该儿童先天颇有迟滞的倾向，前途就极为可忧了。

Ⅲ. 发达停止儿童

发达停止，在医学上，指身体诸机关未能照常发达的状态而言。这时候，推定脑髓的发达停止，或系不可能，也未可知；然在该时，神经细胞无论在复杂的程度，无论在细微的程度，大体都不能遂充分的发达，这是可以推定的。在尸体解剖上，我们对于发达迟滞，与发达永久停止两种状态，极易区别。而心理上的发达停止，全与生理上的发达停止相并行；所以生理上断定某儿童的发达已经停止的时候，那末，在心理上，这一儿童的发达也是一样停息。发达停止通常含有二义，一种指一时的发达停止，一种指永久的发达停止。前者为由于一时疾病或营养不良而起的发达中止。后者乃基因于脑髓一定的损伤及发达能力先天的缺乏。我们所述后一种的发达停止的儿童实指一生陷于绝望悲境的儿童。

第八章　个性的七大方面实验法

个性两字随观察者的立脚点的不同，而内容也就相殊。例如政论家所谓国民的个性和教育家所谓儿童的个性，二者虽同为个性，然内容各有所偏重，绝难一致。这是因为目的不同，所置重的地方也就各异，毫无足怪的。此地所讲个性既然是指教育的个性。那末，此地所讲个性的实验也应适合教育者的需要和能力，自属当然的事。个性所包括的方面极多，现在姑就于教育者最有关系而且易于从事的七大方面实验法论列于下。所谓七大方面，就是指：

（一）记忆的强弱。

（二）手艺的速度。

（三）联想的个性。

（四）统觉的个性。

（五）注意的连续。

（六）动作的形状。

（七）感情的速度。

第一节　记忆的强弱

记忆的强弱，在一切精神作用中，算是与身体的盛衰最有关系。学识，知能，品性等虽皆未必与肉体有盛衰与共的关系，可是记忆却是不然。记忆的实验法，在实验心理学中极是发达，所以实验方法的种类颇多，而实验的结果也是不少。

兹举最简单的实验方法如下。此种实验在命儿童于一分钟内学习英文字母（注音字母亦可）十字，然后经过若干时间，更命儿童把十字再生。可是字母的数目和时间的长短，却应随被验者的年龄而适当变更；又于同一被验者，对同一的实验，应反复数次；而为处理实验所得的材料，更不可不定统计上的规则。现在以下表所列十个字母依提示顺序教授儿童，经若干时间，再命儿童记忆。甲，乙，丙三儿童的答案如表中所示三例。那末，在第一例，字母一无脱落，但位置稍有变移，总数为六。在第二例，位置既有变移，而脱落又有三个。一个脱落约抵变移的 4.3。所以变移总数为 15.9。在第三例，位置既有变移之外，而同一字母有重出者，重出一个约抵变移的 3.3。所以变移总数为 9.3。如下表：

提示顺序		t	m	d	r	n	g	v	b	l	s	
第一例	再生	t	m	r	n	d	g		l	b	s	
	变移	0	0	2	1	1	0	0	1	1	0	6
第二例	再生	t	m	—	n	d	g	—	—	b	s	
	变移	0	0	4.3	1	1	0	4.3	4.3	1	0	15.9
第三例	再生	t	m	r	n	d	r		l	b	s	
	变移	0	0	2	1	1	3.3	0	1	1	0	9.3

变移的数量既经计算以后则记忆的强弱可依下述公式一一测定。

$$R = 1 - \frac{\sum d}{(n^2 - 1) \times \frac{1}{3}}$$

在公式中，R 为记忆的强弱度，n 为字母总数。$\sum d$ 为变移的合计数。现就第一例而论，n 为 10，$\sum d$ 为 6，计算之，则 R 之值约为 0.82。一为完全的记忆，则甲儿童的记忆，约较完全的记忆弱 0.18。第二，第三两例由此也可照样算出。又在上表以外，尚有一种把指定字母以外的字母再生者，当这时候，一概略而不算。为什么呢？因为擅加字母对于变移度必有相当增加的缘故。所以记忆成绩方面也不会十分便宜。

第二节　手艺的速度

手艺指习字，图画，手工，体操上各种动作而言。想求手艺动作的活泼，则第一须筋肉活动的发达，第二须视觉及听觉与筋肉活动的连络，第三须意志的兴奋及制御力。实验手艺速度的简单方法是命学生默写。通常对于初级小学一年级的学生，可命儿童们于二分间连写“天”字。(对其他年级则时间与所写的字应当另行酌定)在本实验的最速的手艺动作，不但上述各项要件都须具备，而且想求良好的成绩的时候，那末，各种要件同时非有相当的发达不可。因此，在本实验，某儿童倘得良好的成绩，那时候，我们不仅可以推定该儿童于各种手艺动作将来能举优秀的成绩，并且间接还可以推定该儿童在其他全班作业上，亦有出众的资格。

整理实验结果的时候，我们应求多次实验的平均数，固不待言；此外对于做平均数的材料的各个数量也得有计算“平均错误”及“概然错误”的必要。平均错误的公式为

$$\text{M. v.} = \frac{\sum d}{n}$$

n = 测定次数。$\sum d$ = 平均数与(做平均数的材料的) 各个数量之差(不论正负) 的总和。

这个“平均错误”有时也叫做“平均差变”(the average deiation = A. B.)，此外又有所谓“平均平方错误”(the standard deiation = S. D.) 公式为：

$$\text{S. D.} = \sqrt{\frac{\sum (d)^2}{n}}$$

至于“盖然错误”其值均为“平均平方错误”之三分之二，故其公式为：

$$P.E. = 0.6745\sqrt{\frac{\sum(d)^2}{n}}$$

又就 P. E. 与 A. D. 的关系而论，则：

$$P.E. = 0.8453A.D.$$

这一种关于实验错误程度的测量对确定实验结果的可靠与否，有莫大的贡献。

第三节　联想的个性

联想的个性的实验有性质与分量两方面。性质方面，更可分为联想型及观念型两方面。分量方面，则为联想反应时间的测定。

联想反应时间的测定，在命儿童根据所授的材料而行联想，教师在旁以规定反应的时间。通常教师选择几个名字，在被验者的面前顺序宣读；当宣读之时，使儿童把所想起的事实记录。例如教师读到“花”字的时候，儿童即把“美丽”等联想出来，就为及格。而反应时间的迟速，尤为测定的要件。倘毫无反应，或反应过慢，则该儿童的联想作用就难称为灵活。

就联想型而论，则儿童各异其趣，而大要可分下述七种，教师于实验的时候，可把儿童的联想分成七类。所谓七种联想型就是如下：

（一）刺激语反复式。这种形式的特征，在于儿童所述的联想语中，必附加有刺激语一点，其最甚者，名曰联想，实不过是刺激语的再生罢了。

（二）实用过重式。儿童的联想完全以利害为中心者就属这类。注重事物的实用固属必要，可是注重太甚则非常态。

（三）对比着想式。此式的特征，在于儿童的联想易及于反对的事物。对比联想本属普通的现象，可是专用对比似亦不能算做正常。

（四）定义说明式。此式的特征在儿童的联想往往对于刺激语加以说明或定义。因此这种答案，严密讲来，实不适合实验的要求；但儿童既能思想，也属可取。

（五）普通单语式。此种联想上往往以单语或熟语占大部分。此式与刺激语反复式下同，刺激语的再现极属罕见。

（六）普通混合式。普通混合式指刺激语反复式与定义说明式的混合式。此式也不失为健全的一式。

（七）概念具体化式。概念具体化式，一见似与定义说明式相类，实则大有不同。盖假定刺激语同为概念，那时候，在属此式的儿童，则其联想即趋于具体的事物，绝不做抽象的思索。例如刺激语为“木”，则该儿童往往想及松杉等具体的树木，绝不对木的定义加以思索。

以上七种联想形式都非永久的个性型。我们倘对于实验的要件，反复加以说明，那末，儿童的联想往往都能接近于单语式。可是话虽如此，大体的差异的倾向绝难完全消灭，所以此种分类是有存在的价值的。

教育上最应注意的是刺激语反复式、对比着想式、实用过重式三者，全限于特殊学生，定义说明式，也往往发现于这种学生。对于这种儿童，教育者应当设法矫正。

关于联想型一项，已如上述，现在更就观念型一言。观念型的议论为新近发达的学说。观念型中有视觉型、听觉型、运动感觉型及混合型等。这种区别在教育上也极重要。可是我们要想实验这种观念型，总非得有相当的被验者不可。这种被验者应稍有自我观察的能力和叙述的能力才能合格。所以对于年幼的儿童，想施这一种实验而得良好的结果是不可能的。

第四节　统觉的个性

发现于统觉上的个性有两方面，一是统觉的范围，一是直观的形式。统觉的范围也称注意的范围或意识的范围。直观的形式也略叫做直观型。

统觉的范围。统觉的范围，指一时能够把捉的意识内容的数量而言；换言之，就是指一时能够达到的注意的界限而言。现就视觉而论，视界的内容虽是极为丰富，可是在注意界限以内的内容方得被人知觉，其在界限外的都残留在外。因此，我们倘把一时所能认识的视界内容发现，那末，这就是注意的范围了。

为精确地测定统觉的范围起见，我们非得把刺激物露出的时间确定不可，同时又非把所认识的内容数确知不可；欲确知内容数，我们往往利用数字，字母，三角形，圆形，四角形等简单明了的东西。例如在纸上，写十个字或画十个图形，那时候，对于一个正当的认识与以一点，对于一个误位或擅加则减去半点，这可算是最简单的实验方法。

欧美各国的学问家研究注意范围的也是不少。历来实验所得的结果，大体在十分之一秒以内之短时间内，人们所得认识的最大内容数为四个乃至五个之印象。而这印象的总数差不多不为内容的种类的差别而受影响。就是，不论印象的内容为直线，为图形，为颜色，为实物，为字母，为数字，只要内容的要素相互没有关系，那末，我们一时所能认识的总数是四个至五个。

但是如内容的要素之间有了关系，那末，实验所得的结果就大不同。例如以若干英文字母缀成有意义的字，更以这种有意义的字缀成文章，那时候，人们一时所能认识的字母数可多至三十内外(露出时间百分之六秒)。有一个被验者曾经认识过由二十五个字母而造成的一字：Aufmerksamkeitsschwankung。

以上已就统觉范围略述大概。现在再把统觉的种类及方向一言。统觉，从某方向看来，就是注意。注意有各种种类。据实验的结果，长于甲种的注意者，未必即长于乙种的注意。例如对于图书，言语，实物等注意，都是特殊的注意，长于图画的注意者，对于言语或实物的注意，未必同能擅长。所以在于注意也有个人的差异。因此，人们没有一般的注意力。我们说某某长于注意，分析起来，往往不过长于某种的注意，不是说长于各种的注意。再进一层，即使事实上，有这种长于各种注意的人，那末，这人的擅长不是由一般的注意力的卓异，乃由于注意的各方面的发达。

直观的形式。统觉的个性的第二方面为直观的形式，略称起来，就是直观型。对于同一的事物，精神上反应的样式有种种不同。这一点，也显有个人的差异之存在。直观方面也是一样。直观型大致为四种，就是：列举式、观察式、感情式、博学式。

列举式。列举式的直观，对于观察对象各种的形相间相互之关系不加顾虑，又对于该物叠体的意义也不顾及，只对于各项形相一一列举而已。

观察式。观察式的直观，留意于形相相互间的关系又于自己所见闻的事实往往加以解释，以求表示对象全体的意味。这样看来，观察式似乎较列举式为优秀，但是实际上，我们并不能断定观察式的儿童的智能就比列举式的儿童为佳。

感情式。感情式的直观，往往把自己的情绪或情操移入于所观察的对象，因之，叙述中往往含有想像的解释。这一种形式毕竟是诗人的，其观察难称精确。

博学式。博学式的直观，对于对象的形相并不精细观察，而喜欢自炫其知，拼命对人发表。所谓博学式多少带有讽刺的意味。

大概讲来，列举式及观察式为自然科举者的素质，感情式为文学者的素质，博学式为活动家的素质。无论何国，儿童与这一种直观型相当者定是不少，他们生来就具有各种性质，教育家应当善为利导，自不待言。退一步说，此种极端的例暂且不论，一般具有各种形式的倾向的儿童，人数尤是众多。教育者应当培养所长，补救所短，最是紧要。

第五节　注意的连续

在我们精神的及筋肉的动作上做根本的要件的是注意的连续。注意一不连续，我们做事就不可能，所以注意的连续的程度如何，与作业的成绩上有莫大的影响。因此，在于教育的作业，教育者往往努力于促进被教育者注意的连续。少年期一般为注意易于摇动的时期，所以注意连续的训练，尤属必要。我们对于注意连续施以个人差异的研究，也正是为此。

注意连续的实验方法，种类颇多。通常往往利用振子。例如把振子的速度定为一分钟六十打音。每一打音命儿童纸上画点，每五打音命儿童纸上画圈。实验继续时间通常三分钟，打音数约一百七十左右。以圈点的正否定儿童的成绩。但振子的速度，点圈的办法，以及实体的时间都可随时酌正。

第六节　动作的形状

筋肉动作的实验种类虽多，而在从来的研究中值得我们说明者，当推皮奈氏的实验。他对于十岁至十三岁的少年一团及约十八岁的青年一团，用握力计，施以握力的试验。

实验方法在使儿童右手左手交替施行，每手约行五次或十次。这一种实验行于 1897 年，去今有二十几年了。那时候，皮奈氏已经知道动作形式有四种的个人的差异。就是：急降式、平坦式、渐降式、掉尾式。

急降式。其初急降，以后又渐平坦。

平坦式。为普通的作业式，自始至终，没有大的变化，大体极为平坦。

渐降式。连续地渐次下降。

掉尾式。后期反为上升，为在健全儿童中罕见的作业式。强健者表示渐降式较表示急降式为多。

现在再把皮奈氏所以认定四式的实验事实揭示于下：

	第一回	第二回	第三回	第四回	第五回
急降式	二三、〇〇	一八、四五	一九、〇〇	一八、六〇	一八、二〇
平坦式	一八、七〇	一八、六〇	一九、二〇	一九、四〇	一七、八〇
渐降式	二四、一二	二二、五〇	二一、一七	二一、三三	一九、八〇
掉尾式	一七、三三	一七、七〇	一八、八七	一八、六七	二〇、六七

（注）单位为基罗瓩拉姆。

对于作业式欲行实验的时候，那末，利用握力计的实验法非有十分的研究不可。

第七节　感情的速度

照从来一般人的信念，以为学业的成绩由于智能的优劣而定，在今日看来，这种见解是不完全的。为什么呢？智能以外，还有感情的状态，对于学业成绩，也有根本的影响。因此，我们对于感情状态的个人的差异也得研究。

感情状态的实验通常应用时间制定的实验。因为时间制定的主要的心理的基础是紧张感觉，呼吸的运动感觉以及这一种有机感觉的速度；而所谓感情的速度实不外乎做感情内容的有机感觉在一定时间中所生起或变化的度数的缘故。

实验的程序，先以振子打音使儿童静听，同时使儿童经验打音的迟速，即一音与其次一的时间观念；然后再命儿童于指定时间中估定有曾经经验的时间若干。

附录一　个性记载实例

为小学校教师的参考起见，此地把二三小学校的个性记载方法的实例列举于下。

A. 某小学校的个性观察规程

第一条　学校主任应当调制儿童性行簿，记入所定的事项，以供儿童教育的资料。

第二条　儿童性行簿的样式如左。

<table>
<tr><td>年度及学年</td><td colspan="3"></td><td colspan="2">氏名</td><td></td></tr>
<tr><td rowspan="2">种别
学期</td><td colspan="5">个　性</td><td rowspan="2">操行及训练</td></tr>
<tr><td>身体状况</td><td>性质</td><td>长短</td><td>癖性</td><td>特殊事项</td></tr>
<tr><td>第一学期</td><td></td><td></td><td></td><td></td><td></td><td></td></tr>
<tr><td>第二学期</td><td></td><td></td><td></td><td></td><td></td><td></td></tr>
<tr><td>第三学期</td><td></td><td></td><td></td><td></td><td></td><td></td></tr>
</table>

第三条　性行簿中记入的内容如下：

(1)操行就平素的行状中记入其特别显著之点。但同时，须记入对付的处置及效果。

(2)关于个性诸项，应依平素的观察或调查至各学期终，一一记入。但记入例如下：

(a)身体状况应以学校医的身体检查做基础，更由平素的观察，记入异状的有无。

(b)性质项下应考查关于德性的方面，记入评语。例如和顺、活泼、刚毅、诚实、狡猾等。

(c)长及短项下应考查心力之倾向，一一记入。例如长于记忆而拙于推理，又如好算术而厌运动等。

(d)癖性项下应记入特别显著的偏性。例如好争，顽强，厌恶读书等。

(e)特殊事项之下，例如记入言语异常或精神异常等。

(3)就家庭状况而言，应随调查的结果，分别记入，例如无父无母，或家计寒苦，或热心教育等。

B. 某小学校的个性观察要项

一、生理的方面

(1)遗传

(2)生理的异常

(3)疾患

(i)生前的疾患(由在妊娠中由母体的障碍而来的影响)

(ii)入学前的疾患

iii 入学以后至现在止的疾患

(4)感觉发达的状况

(5)营养的良否

(6)饮食的状况

(i)闲食

(ii)好恶

(iii)分量

(iv)咀嚼

(v)食事有无规则

(7)运动的状况

(8)休息时间(过分或不足)

(9)睡眠时间(过分或不足)

(10)身体发育的状况

二、心理及伦理方面

(1)注意
(2)记忆
(3)想像
(4)推理
(5)同情
(6)趣味
(7)怕羞
(8)多感
(9)迟钝
(10)猜忌
(11)妒嫉
(12)愤怒
(13)恐怖
(14)正直
(15)亲切
(16)规律与自治能力
(17)恭敬
(18)勤勉
(19)勇敢
(20)忍耐
(21)柔顺
(22)质素
(23)决断
(24)清洁
(25)欲望
(26)傲慢
(27)粗暴
(28)狡猾

(29)言语
(30)品格

三、外的方面

(1)家长及家族的职业
(2)朋友的种类
(3)父母的存否及其关系
(4)父母的死因
(5)父母的年龄
(6)身份的高下
(7)贫富生活的程度
(8)父母的品行
(9)家庭教育
(10)家长及家族的嗜好
(11)长辈仆婢及同居人
(12)信仰的有无
(13)家庭和乐的状况
(14)居宅及近邻的状况
(15)出生地
(16)以前的居住地名
C. 某小学校的个性观察记载书
某某
(1)体格　顽强。
(2)动作　举动不敏，行步甚缓。
(3)能力　学问极佳，长于推究的学问。
(4)性质　易为感情所支配。
(5)结论　胆汁质之外带有神经质的分子。

某某
(1)体格　身体瘦长，毫无气力。

(2)动作　对于无论何事，都是因循迟钝。
(3)能力　钝。
(4)性质　忧郁性，易为感情所支配，不多语。
(5)结论　神经质。

某某
(1)体格　肥大。
(2)动作　迟钝。
(3)能力　普通以下。
(4)性质　温顺，意志强固，对事不大经心。
(5)结论　黏液质。

以上三小学校的个性记载方法大体如是，我们在此提出，不过为供小学校教师的参考，对于三者的内容我们不加批评。要之，个性观察这件事，过繁则难奏效果，过略也不十分适宜。所以在各小学校，教师应当一同协议，定合宜的处置。不但性情记载方面应求完善，同时对于矫正方法的梗概以及前学年或前学年以来的进步也得通盘考虑，加以录入。

附录二　教师在个性观察上应注意之点

关于个性问题，上面已略述大概，现在再把教师在个性观察上应特别注意的几点举出，以做本书的结尾。

第一，个性观察应以不断的注意慎重从事。

在教育事业上，无论何事虽都以不断的注意为必要，但在个性观察上尤觉重要。因为个性观察这件事关系精神生活的全部，而其研究范围且及于生理，遗传等各方面；所以仅以一时的观察和一时的注意，断不能达个性观察那样重大的目的。因为这一个缘故，教育者应于随时随处留心儿童的精神状况，或记忆之，或笔记之，以作研究的资料。倘教育者视个性观察为一种形式，这实在是一大错。教育事业的适切的解决实非以精确的个性观察做基础不可。现今教育较从前教育进步实由于个性研究的进步，而此后教育较现今教育倘更为进步，那末，一定也赖此后个性研究的发展，毫无疑义。做教师的对于儿童务应观察，并且务应以不断的注意慎重观察才好。

第二，个性观察应为系统的。

个性观察，教师应出以不断的注意，已如上述，但仅有注意亦不能完事。教师务必把观察所得的实现与从前所观察的事项一一对照，以检察儿童精神的发达与倾向；然后再把各项观察的结果汇集分类，以断定儿童的个性。片断的观察在个性观察上，没有重大的意义。所以教师在每学年及每学期的中间，虽有各项的记述，然到学年或学期之终，应得把一切概括起来，与儿童现在的情形相对照，以期个性观察毫无遗漏。这样，个性观察在教育上才有重大的价值。不然，琐碎的观察实是劳而无功，徒费宝贵的时间罢了。

第三，个性观察时教师应持冷静的态度。

观察的时候，想求结果的精确，当然最忌感情用事。凡观察者对于所观察的事物一加感情，则其论断就不免为主观的，因而失去公正的标准。所以教师于观察儿童的个性的时候，务宜持沉静的态度，绝不可以对于儿童的好恶，改变其所观察的事实。

第四，个性观察时教师不可为儿童的粉饰所欺。

教师观察儿童，眼光应注于儿童的心中奥秘。教育者的耳也不可不听取儿童心中的秘密。倘教师一旦为儿童的修饰所欺瞒，则不但教师之所观察的结果毫无足取，且教师在儿童间的威信也难以维持。教育者对这一层务得格外注意。

第五，个性观察时教师不可忽视儿童的长所。

教师观察儿童的时候，往往有注重于短所的发现，而忽视儿童长所的通病，所以观察的结果往往有止于短所指责的倾向。这种通病，做教师的是应该免除的。儿童在实际上，一面固有短所，一面也有长处。我们考察儿童的个性，我们应得把两面兼顾，方是完善。教师倘专顾恶劣方面，则个性上谁也不能没有缺点，以此善良的儿童往往也会受误解，被浅薄的教师认做不良儿童。这种误解往往贻误儿童一生，实在关系宏大。教师对人家的子弟务应尽慎重将事的责任。

第六，个性观察应避独断与偏见。

个性观察求结果的真确，自以归纳的研究为适当。若独断与偏见最所切忌。儿童随时随地，往往举动不甚一致，所以教育者若太速断，那末，见解就难免不正或矛盾。因此，教师当研究的时候，应当把同种材料，多多搜集，然后比较思辨，以求得客观的结论。如一己有见不到的地方。并应求其他教师或父兄的指示，以做参考。

第七，个性观察教师应讲利导矫正之法。

个性观察的目的，在于了解儿童的真相，而了解儿童的真相的目的在于促进教育上的效果；那末，这样讲来，在教师于个性观察上已得有相当的结果以后，教师应当讲求矫正或利用个性的条件以期获教育上良好的效果，自属当然的事。

附录三　个性记入用表簿

观察要项				矫正手段 与结果	家庭状况
身体	心性	长所 短所	癖性		
科　学年 年月　日生	科　学年 年月　日生	科　学年 年月　日生	科　学年 年月　日生	儿童姓名	